Gerd Brantenberg

Vom andern Ufer

Erzählung

Aus dem Norwegischen
von Claudia Meyenburg

Frauenoffensive

Gerd Brantenberg
(pseud. für Gerd Brantenberg)

Vom andern Ufer

GERD BRANTENBERG, geboren 1941 in Oslo, wuchs in der norwegischen Kleinstadt Frederikstad auf. Sie wurde als Lektorin in den Fächern Englisch, Geschichte und Staatswissenschaft ausgebildet und ist seit 1971 als Lehrerin tätig, zur Zeit an einem Gymnasium in Oslo.

Von Anfang an beteiligte sie sich aktiv an der neuen Frauenbewegung — zuerst in Kopenhagen, später in Oslo. Hier rief sie eine lesbische Bewegung ins Leben, leistete die entscheidenden Vorarbeiten für die Gründung einer Frauenhochschule in Dänemark und eines Krisenzentrums für vergewaltigte und mißhandelte Frauen in Oslo (in Verbindung mit dem internationalen Frauen-Tribunal in Brüssel 1976).

1978 gründete Gerd Brantenberg das Tverrliterarische Frauenforum, das seitdem zu einer Plattform der Aufmunterung weiblicher Schriftstellertätigkeit geworden ist. Manuskripte werden dort gelesen und diskutiert, und viele Frauen debutieren im Anschluß an diese Gruppenarbeit als Schriftstellerinnen.

Auch bei der Gründung einer homosexuellen Lehrergruppe hatte Gerd Brantenberg entscheidenden Anteil. Zudem ist sie leitendes Mitglied des norwegischen Schriftstellerverbandes.

Folgende Bücher von Gerd Brantenberg sind außerdem bisher in deutscher Sprache erschienen:

Die Töchter Egalias, Berlin 1980.

Mädchenwelten, Berlin 1982.

1. Auflage, 1983

© 1973 Gerd Brantenberg, Norwegen

© deutsche Übersetzung Verlag Frauenoffensive, München 1982
(Kellerstr. 39, 8000 München 80)

ISBN 3—88104—124—9

Satz: Sylvia Seyfried, München
Druck: Fa. Brockmann, Langenzenn

INHALT

ICH BIN DOCH NICHT VOM ANDERN UFER

Du hast gefragt. Du sollst eine Antwort bekommen. Ich habe dich nicht gefragt. Aber du bist ja normal, sagst du. Es ist ja schließlich unnormal, Normale zu fragen.

Hast du nie ein Formular bekommen, auf dem du in entsprechenden Rubriken ausfüllen mußtest, warum du normal bist? Woran du zuerst bemerkt hast, daß du es bist? Ob du Probleme hattest, normal zu sein:

    a) in der Familie
    b) am Arbeitsplatz
    c) im Freundeskreis?

Das Einkommen und Vermögen deines Vaters, deiner Mutter, Geschwister, Wohnverhältnisse in der Kindheit, und ob du geglaubt hast, daß dies irgendeine Bedeutung für deine Entwicklung zur Normalität gehabt hatte? Wann du zum ersten Mal selbst akzeptiert hast, anderen Menschen gegenüber einzugestehen, daß du normal bist? Ob du jetzt wie ein normaler Mensch lebst oder ob du mit anderen Normalen Umgang hast:

    a) ausschließlich
    b) manchmal
    c) niemals?

Aha, also nicht. Ich frage dich nicht ein einziges Mal. Ich bin nämlich viel mehr mit mir selbst beschäftigt. Überall werde ich von einem ständigen Fragezeichen verfolgt. Glaubst du wirklich, ich könnte etwas anderes denken, als mich ungemein interessant zu finden?

Meine erste Liebhaberin — ja, entschuldige den Ausdruck, aber kannst du überhaupt einen neutralen Ausdruck finden für eine Frau? — hatte kurzes dunkles Haar und blaue Augen. Du kannst dir gar nicht vorstellen, wie herrlich es war, endlich nicht mehr mit einem Mann ins Bett gehen zu müssen.

Aber es war doch gar keiner da, der mich dazu gezwungen hatte, sagst du? Ach so. Keiner?

Jedenfalls hieß sie Gunnhild, und ihren Namen mochte ich nicht. Du weißt ja, wie das so ist. Ist es dir auch schon so ergangen? Aber das war nicht das Schlimmste. Die Wahrheit ist, daß ich ihre Nase absolut nicht ausstehen konnte. Vom Standpunkt eines Fotomodells aus betrachtet, war damit sicher nichts los, aber auf mich wirkte sie seltsam platt. Etwas zu lang. Ja, lang und platt. Das hört sich vielleicht unwesentlich an, aber es wurde tatsächlich immer wesentlicher. Im Laufe unseres Verhältnisses wurde Gunnhild gleichsam mehr und mehr zur Nase.

Je mehr wir einander überdrüssig wurden, desto mehr sah ich ihre Nase. Sie wurde allmählich das hervorstechendste ihrer Argumente.

Aber jetzt fange ich am verkehrten Ende an. Zuerst soll die Romanze kommen. Als ich Gunnhild und ihre Nase zum ersten Mal sah, war es ein Sommertag. Vormittags. Und tatsächlich schien auch die Sonne. Einmalige Voraussetzung. Ich befand mich übrigens zu der Zeit in einer Depressionsphase. Das bin ich jetzt auch. Und das war ich ebenfalls, kurz bevor ich in der Depressionsphase war, in der ich Gunnhild traf. Mein Leben besteht faktisch aus einer ganzen Reihe sich ablösender verschiedener Depressionsphasen. Spiel mir eine x-beliebige Popmelodie vor — „What happened *to*, the world we-e knew?" Du weißt schon, die mit Stevie Wonder —, spiel die also zum Beispiel, dann kann ich dir ganz genau sagen, in welcher Depressionsphase ich mich befand, als das populär war. Der Töne Erinnerungsfülle. Schön und tötend.

Ich traf sie ganz und gar nicht in einer Bar in Casablanca. Warum sollte ich auch? Wer hat die Idee in die Welt gesetzt, daß du deine erste lesbische Liebe in einer Bar in Casablanca treffen mußt? Nein, ich traf sie in der *Sognvatns*-Bahn, und es ist nicht einmal besonders linksorientiert, vor dem „t" Abscheu zu haben.* Aber abgesehen davon, daß ich das „t" an der Sognvatns-Bahn nicht mag, bin ich ziemlich marxistisch. Weißt du, ich bilde mir ein, wenn wir eine andere als diese konsumorientierte Pop-Gesellschaft hätten, brauchte ich jetzt nicht hier zu sitzen, um das ganze Scheiß-Gespräch her-

* Es gibt in Norwegen zwei offizielle Schriftsprachen: Bokmål und Nynorsk. Bokmål ist die Sprache, die ihre Grundlagen aus dem Dänischen hat, da Norwegen mehr als 400 Jahre unter dänischer Herrschaft war. Nynorsk ist eine konstruierte Sprache, die auf den Mundarten und der alt-norwegischen Schriftsprache aufbaut. Wasser heißt auf Bokmål „vann", auf Nynorsk „vatn". Obwohl die Leute aus Oslo und Umgebung „Sognsvann" sagen, steht auf der Straßenbahn „Sognvatn". Viele Linksorientierte finden, die Form „vatn" sei norwegischer, weil die andere Schreibweise an die dänisch inspirierte Oberschichtsprache erinnert. Also ist es nicht besonders linksorientiert, das „t" in „Sognsvatn" zu verabscheuen. (Anm. d. Ü.)

unterzuleiern.

Übrigens habe ich das als Schlußfolgerung gedacht. Aber nun habe ich es bereits gesagt. Jetzt weißt du es.

Durch eine gemeinsame Bekannte kamen wir ins Gespräch. Diese Frau — sie war mitten im Psychologie-Studium — stellte uns einander vor. Sie gehört zu dem Typ, der immer andere miteinander bekannt macht, sogar in der Straßenbahn. Ein typisch kontaktschaffender Mensch, den ich beneide, denn ich selbst bin es nicht im geringsten. Und Kontakten ist ja so positiv. Ich pflege ganz im Gegenteil mein Bestes zu tun, damit die Leute sich außenvor fühlen. Dann kann ich selbst mehr „in" sein.

Du weißt — wenn du es weißt —, da sitzen einige in einer Runde, die sich nichts zu sagen trauen, und die auch nicht die geringste Ahnung von dem Thema haben, von dem gesprochen wird. Ich versuche dann, den Eindruck zu erwecken, als wüßte ich höllisch viel zu diesem Thema, so daß die Betreffenden sehen können, wie „in" ich bin. Das geschieht selbstverständlich unbewußt. Die Kunst also, das Gespräch in eine Richtung zu bringen, wo du Bescheid weißt. Hast du diese Tendenz auch bemerkt? Du mußt nur aufpassen wie ein Schießhund, wenn du fühlst, daß die Unterhaltung in eine Richtung abgleitet, von der du keine Ahnung hast. Da heißt es sich sputen, bevor die Leute mitten in einer Diskussion über Licht-Mystizismus des Mittelalters sind; dann reiß alles an dich, ehe es für immer zu spät ist.

Unbewußt natürlich. Ich plane meine Boshaftigkeit nicht. Ich will nur dabei sein.

Diese gemeinsame Bekannte hatte sich also zum obersten Ziel gesetzt, die Kontaktschwierigkeiten der Menschen heutzutage zu bekämpfen. Die entstanden nämlich genau zu jener Zeit. Entfremdung lag in der Luft. Also machte sie uns bekannt und lud uns auch noch zu einem Tee ein. Es wurde tatsächlich ungemein kontaktfördernd. Wir sind ja auch mitten in der Romanze.

Als Gunnhild und ich heimgingen, gingen wir nämlich nicht heim. Etwas hatte sich zwischen uns entfacht. Der unauslöschbare lesbische Funke. Du hast sicher davon gehört. Der auf Lesbos entstand, weil Sappho jedesmal so traurig wurde, wenn eine junge Frau die Akademie verließ. Deshalb schrieb sie ihnen eine Menge lesbischer Gedichte. Stell dir vor: traurig zu sein, weil jemand abreist.

Das war der Beginn einer Krankheit, die sich bald über die ganze westliche Kultur ausbreiten sollte. Zwei Frauen können sich lieben. Hilfe! Die ägyptischen Frauen waren übrigens nicht im geringsten lesbisch. Ägypten ist ja auch das Älteste vom Alten. Aber hast du die Theorie gehört, daß diese Königin da, die im Osebergschiff zu Grabe gelegt wurde, eine Bedienstete mit ins Grab bekam, weil sie lesbisch war? Die Archäologen erröteten, als sie das entdeckten. Es stellte Unser Wikingerschiff in ein so seltsames Licht, daß sie ihr Bestes taten, um nichts durchsickern zu lassen. Aber das ist ja nun geschehen. Es war eins unserer prächtigsten Exemplare des Lesbentums in der Wikingerzeit. Die lesbische Welle hatte nämlich den keltischen Eisenring durchdrungen und reichte hinauf bis in den hohen Norden. Damit hast du nicht gerechnet, was?

Das antike Erbe hatte also auch Gunnhild und mich nicht verfehlt. Wir merkten es, sobald wir die Frau mit den Kontaktschwierigkeiten loswaren. Sie heißt übrigens Tove. Wir tranken Bier, selbstverständlich. In einem Lokal mit Musikbox. Frauen trinken in der Literatur nahezu nie Bier miteinander. Aber eben das machten wir.

Damals wohnte ich in einem schrecklichen Zimmer zum Hinterhof mit Aussicht auf eine Brandmauer. Das einzige, was ich von der Natur sah, war ein rechteckiger Ausschnitt des Himmels und einige Tauben, die oben auf der Brandmauer hin und her spazierten. Allein die Eingeschlossenheit, die ich in diesem Zimmer empfand, genügte, um jede hinaus in eine lesbische Orgie zu treiben.

Wie du wahrscheinlich schon erraten hast, hörte das Zimmer in dieser Nacht mein sonst regelmäßiges Onaniegestöhn nicht. Wir saßen so lange in dem Lokal, bis wir bemerkten, daß die einzigen noch nicht hochgestellten Stühle unsere beiden waren. Ich ging mit ihr nach Hause.

Wir schliefen nicht miteinander, das taten wir am darauffolgenden Abend. Eine ganze Woche waren wir unaufhörlich zusammen und hatten entsetzliche Angst, daß jemand begriff, warum. Wir sagten: „Glaubst du, er hat jetzt was bemerkt?" und „Was denkst du, was die sagen würden, wenn sie es wüßten?" und „Glaubst du, diese Bemerkung bedeutet, daß er was bemerkt hat?" Und wir versuchten, alle hinters Licht zu führen, die etwas bemerkt haben könnten.

Es gab Gespräche mit Freunden und Bekannten. Alle hatten mehr oder weniger den gleichen Ablauf:

— Ich habe dich fast gar nicht mehr gesehen in letzter Zeit. Was treibst du denn?

— Ach, weißt du, das Leben hat ja auch noch andere Sachen zu bieten, als im Lesesaal zu brüten.

— Aaaha! Heraus damit! Bist du verliebt?

— (verschmitztes Lächeln)

— Du lieber Gott, ist ja wahnsinnig aufregend. Wie heißt er denn?

— Nein, laß das. Ich will darüber nichts erzählen.

— Warum bist du nur immer so knapp? Ist er dunkel? Ist es der, den ich neulich mit dir zusammen in der Straßenbahn gesehen habe?

— Ach, der? Ha, ha. Nein, der doch nicht.

— Da ist also jemand. Kenne ich ihn?

— Nein. Und nur hör auf mit diesem Ratespiel. Du bekommst sowieso nichts heraus. Es ist ja auch nicht sicher, ob es etwas wird. Es ...

— (etwas sauer) Naja, wenn du nicht willst, ist ja deine Sache.

Pause. Dann plötzlich:

— Du? Die, mit der du neulich abend im Kino warst, wer ist das?

— W..wer denn?

— Na, die Dunkle, mit der etwas langen Nase.

— Ah, *die*!

— Ja, sie ist nicht hier von der Uni, oder?

— Nein ...

— Woher kennst du sie?

— Ich traf sie auf einem Fest vor ein paar Monaten.

Pause. Dann plötzlich:

— Du? Nun sag schon, wer das ist, den du da getroffen hast. Bevor ich vor Neugier platze ...

Es war eine grauenvolle Zeit. Später sprachen Gunnhild und ich oft darüber, wie herrlich es damals für uns war.

Besonders am ersten Tag. Dieser erste Tag wurde wie zum Ziel einer Reise, die wir wieder und wieder unternahmen. Wir wetteiferten damit, wer von wem und wer zuerst am meisten von der anderen angezogen worden war. Wann wir es zuerst bemerkt hatten. Schließlich einigten wir uns darauf, daß wir es beide gleichzeitig gemerkt hätten und sofort — alle beide — ganz stark.

Unser erster Tag war eine ständige Quelle der Erneuerung. Je elender unser Verhältnis wurde, desto erneuernder wirkte diese Quelle. Je mehr wir uns anödeten und verachteten, desto mehr einigten wir uns darüber, wie unsterblich verliebt wir an diesem ersten Tag waren, als wir uns zum ersten Mal sahen.

In unseren guten Momenten redeten wir über all das, was wir in der ersten Nacht beredet hatten. Daß dies bis morgens um fünf gedauert hatte und wir mindestens fünf Stunden lang der Sache ausgewichen waren. Bis ich dann endlich sagte, daß ich glaubte, *homosexuell* zu sein.

Bombe! Schock! Es war ausgesprochen, und ich saß weiterhin da. Das Wort war herausgeschlüpft, und die Decke stürzte nicht ein! Ich hatte es gesagt, und ihr Gesicht und Körper zerfielen nicht vor Angst. Sie saß da! Mit demselben Gesicht wie zuvor. Sie sah mich an. Sie sah mich an, obwohl ich es gesagt hatte. Sie verschwand nicht. Das Zimmer verschwand nicht. Das Haus blieb stehen. Das Licht draußen schien noch immer. Der Verkehrslärm vom Trondheimsweg war noch immer derselbe. Oslo bestand weiter. Die Erde umkreiste die Sonne. Das Sonnensystem stürzte nicht aus der Milchstraße heraus. Die Uhr tickte. Ich war da. Meine Hände waren da, die Schultern, die Knie, die Haare. Sie konnte mich sehen. Sie hatte meine *Worte* gehört und sah mich trotzdem noch an.

Weißt du was? Oft habe ich gedacht, das Grausame, das wirklich Unerträgliche ist, daß die Erde in dem Moment *nicht* untergeht. Sie bleibt da, unbarmherzig und unverändert. Und du mußt weiter auf ihr leben.

Ha, ha! Welch eine Idiotin! Darf ich mich vorstellen? Ich — vierundzwanzig Jahre — Studentin —, ich glaubte vierundzwanzig Jahre lang, daß die Welt sich verändern würde, weil ich ein Wort geäußert habe.

Weißt du, was sie sagte? Damals, als ich das Unsagbare gesagt hatte? Sie sah mich an, und sie hatte wirklich so schöne, blaue Augen, sah mich also an und sagte dann: ,,Du bist nicht die einzige, weißt du?''

Ich faßte das als theoretische Aussage auf, die in der Fachliteratur und Belletristik bewiesen werden könnte. Niemand hatte je mir gegenüber bestritten, daß Homosexualität existierte. Das waren solche bohèmeartigen Künstler-Erscheinungen, die in Dachzimmern mit schrägen Wänden und Dachluke in London, West-Berlin und Paris lebten. Besonders in Paris. Fast alle waren sie Männer. Aber einige von ihnen waren Frauen. Meist im Kreis um Françoise Sagan und unter den Existentialistinnen.

Vielleicht würde ich einmal eine kurzhaarige, dunkle,

große dünne Frau treffen, die Bilder á la van Gogh malte und mit der ich zusammen in so einem Atelier wohnen und ein heimliches lesbisches Verhältnis haben könnte.

Aber das war so fern und unwirklich, daß ich einen viel realistischeren Traum hatte. Ich träumte davon, mir die Haare ganz kurz zu schneiden, Männersachen anzuziehen, in eine fremde Stadt zu gehen, in der mich niemand kannte, um mich so an jemand ranzumachen. Greta Garbo gelang es ja immerhin, die ganze Welt in „Königin Christine" zu täuschen. Das waren Aussichten. Die Frau, die ich eigentlich war, sollte ausradiert werden. Die, die ich eigentlich war, konnte ja die nicht kriegen, die sie eigentlich haben wollte.

Wenn ich anziehend auf eine Frau wirken wollte, mußte ich ein Mann sein, das hatte ich verstanden.

In Norwegen bestanden keine sonderlichen Chancen. Es gab Homosexuelle in Oslo, die waren meistens am Theater beschäftigt und hatten Adamsäpfel. In meiner kleinen Heimatstadt, Frederikstad — ein Ort mit damals 13 000 Einwohnern —, gab es *einen* Homosexuellen. Er war das größte Witzobjekt im Stadtbild, weil er frech genug war, keinen Hehl daraus zu machen. Der Homosexuelle der Stadt. Er. Eine Lesbierin gab es in Frederikstad nicht.

Als ich Mutter fragte, was mit dem da denn sei, sagte sie (vernünftig, wie sie war; sie kam aus einer Schauspielerfamilie), daß er homosexuell sei, was bedeutete, daß er Männer statt Frauen bevorzugte. Damals war ich ungefähr zehn Jahre alt, und ich stand am Küchenfenster, sah hinaus und dachte mir: Verflixt noch mal, ich wünschte, ich könnte schnell zu ihm rüberhuschen und ihm sagen, daß er gern mein Geschlecht haben könnte, weil ich überhaupt keine Verwendung dafür hätte. Dieses Mistgeschlecht. Dann könnte ich seins dafür bekommen. Ich dachte, daß Gott ganz schön frech sei, weil er das unmöglich machte.

Zwölf Jahre Schulbildung, im wesentlichen in den bewußtseinslosen 50er Jahren absolviert, enthielten nicht eine Minute Sexualkundeunterricht. Das war ein großer Fortschritt gegenüber der Zeit meiner Mutter, in der Sexualkundeunterricht darin bestand, das sechste Gebot zu überspringen. Bis zu dem Zeitpunkt, als sie heimlich Evang* las, dachte sie demzufolge, sie sei der einzige Mensch auf der Welt, der onanierte. Übrigens muß ich für den fehlenden Sexualkundeunterricht dankbar sein. So wurde mir erspart, vom Katheder herunter zu erfahren, daß ich pervers war.

Aber ich hatte eine Freundin mit lauter Flausen im Kopf. Eines Tages sagte sie plötzlich zu mir: — Du! Weißt du was? Ich bin auch nach Mädchen verrückt. Nicht nur nach Jungen. Du auch?

— Ja.

So fuhren wir also mit dem Fahrrad herum und waren hinter Mädchen und Jungs her. Oh, glückselige, perverse Kindheit!

Finn Grodal, ein Mann, der nicht riskieren wollte, seinen echten Namen zu benutzen, hatte ein dickes, großes

* Evang war ab 1938 Gesundheitsdirektor von Norwegen und Verfasser mehrerer Bücher über sexuelle Aufklärung. (Anm. d. Ü.)

Buch geschrieben: „Wir, die wir anders fühlen." Es kam heraus, während ich ins Gymnasium ging, und stand in unserer großen, sehr guten Bibliothek. Aber da waren wir bereits zu erwachsen, um über derartiges zu reden. Als ich den Titel zum ersten Mal hörte, zweifelte ich nicht daran, daß dieses „wir" unter anderem auch ich sein mußte. Es zeigte sich aber, daß dieses Buch nur von einigen Männern handelte. „Wir" — das war nicht ich. Nicht einmal in diesem obskuren Buch, von dem niemand sprach, kam ich vor. „Wir" — das war eine Reihe total zerbrochener Männer.

Übrigens wurden schon während des ersten Weltkrieges einige Frauen homosexuell. Eine von ihnen hatte ein Buch über den „Quell der Einsamkeit" geschrieben. Die Hauptperson war eine Männerseele in Frauengestalt. Geschrieben war das genauso gut wie eine Novelle in dem Wochenblatt „Allers"* und ergriff mich ebenso tief. Ihr großer unverzeihlicher Fehler war, kein Mann zu sein — biologisch betrachtet —, und dafür hat sie ihre Geliebte eingebüßt. Sie sah auch selbst ein, daß das moralisch richtig war.

Nach all den Jahren saß ich nun an diesem Abend hier und sagte zu einem Menschen, daß ich *glaubte*, homosexuell zu sein ...

Was? War ich wirklich nicht die Einzige? Ha! Als ob ich das nicht ganz genau selber wüßte. Ich war derart fasziniert von meinem eigenen Vulkanausbruch in Form eines einzigen Wortes, daß ich nicht bemerken konnte,

* „Allers" ist ein Wochenblatt der Regenbogenpresse, vergleichbar mit „das grüne Blatt" oder „Meine Geschichte" in Deutschland. (Anm. d. Ü.)

was sie eigentlich damit gesagt hatte: „Ich glaube, ich bin es auch."

Ich ging die Straßenbahnschienen entlang nach Hause und dachte nach, während die Vögel zwitscherten. Ti-ti-tü, ti-ti-tü. Ein stiller, heller, grüner Sommermorgen. Der schönste auf Erden. Ich war tieftraurig.

Am nächsten Tag mußte ich feststellen, daß ich — egal, was ich tun wollte — an Gunnhild dachte. Ich dachte an ihre Augen. Ich dachte, was sie wohl über mich denken würde. Dachte sie an mich? Ich wünschte mir, sie säße jetzt hier. Ich würde ihre Hände nehmen. Über ihr Haar streichen. Und sie schließlich küssen. Ein einziger Wirrwarr in meinem Kopf. Nein. Sie würde mich bei den Schultern fassen. Und dann meinen Nacken küssen. Szene für Szene spulte ich das vor mir ab. Ließ es zurücklaufen und machte eine neue. Nachmittags hatte ich dann derart viel an sie gedacht, daß der Gedanke, sie zu besuchen, in weite Ferne gerückt war. In voller Lautstärke hörte ich Brahms-Violinkonzert D-Dur, dirigierte mich, drei ganze Pils trinkend, durch den dritten Satz. Dann stürzte ich hinaus und nahm eine Taxe zu ihr.

Als der Taxifahrer vor dem Haus hielt, an das ich wohl fünfhundertmal im Laufe des Tages gedacht hatte, bat ich ihn, zu wenden und zurück in die Stadt zu fahren. Vollkommen überzeugt davon, daß er mich auf der Stelle entlarvt hatte und nun dasaß und während der Fahrt dachte: „Aha, die ist also homosexuell."

Ich setzte mich in ein Lokal und bestellte einen Halben. Was hatte ich mir eigentlich eingebildet? Daß sie da den ganzen Tag säße und darauf wartete, daß ich angestürzt käme? Ich — eine Frau auf Jagd nach einer Frau. Welchen Vorwand hatte ich denn, da hereingeplatzt zu kommen, wenn ich fragen darf?

Ich überdachte all die Albernheiten, die ich ihr in der kurzen Zeit zu sagen geschafft hatte. Wie einsam ich gewesen war. Wie hemmungslos ich in der Volksschule ein Mädchen angehimmelt hatte, das zwei Klassen über mir war; ein Zustand, der viele Jahre hindurch andauerte, obwohl ich nie mit ihr gesprochen hatte — das hatte ich ihr alles erzählt. Je mehr ich überlegte, desto mehr Dummheiten fielen mir ein, die ich gesagt hatte.

Ich hatte es sogar fertiggebracht, ihr das mit Tove von damals zu erzählen. Ja, denn du mußt wissen, daß ich, die ich prinzipiell alle Psychologie-Student/inn/en für Pop-Geister hielt, für eine lange Zeit vor Tove auf den Knien lag. Vier Jahre lang, um ganz genau zu sein. Völlig hingerissen.

Ich hatte, vorsichtig ausgedrückt, nicht die geringste Chance bei ihr. Nicht, weil sie mich nicht mochte. Sie hatte mich sehr gern, sagte sie. So war das also.

In allem, was ich unternahm, war Tove in mir und begleitete mich durch unzählige Depressionsphasen hindurch. Leben, Sterne, Unendlichkeit, die Vergänglichkeit aller Dinge hatten nur in ihrer Nähe eine Bedeutung.

Das ist jetzt natürlich vorbei. Es ist schon lange her, daß ich in Tove verliebt war. Nun war es in eine tiefe, beständige Freundschaft übergegangen, was auf die Dauer gesehen wesentlich wertvoller ist. Das hatte ich mir selbst gegenüber ein Jahr lang Tag für Tag wiederholt. Was ich nun für Tove empfand, war sehr viel entspannter

22

und dauerhafter als das, was ich im ersten Jahr unserer Freundschaft fühlte. Damals hatte ich ja ununterbrochen an sie gedacht.

Schließlich war ich auch bei einem Psychologen gelandet. Du lieber Himmel! Auch das hatte ich Gunnhild erzählt! Nie hatte ich einer lebenden Seele etwas davon gesagt. Hilfe! Ich wollte nach Hause zu meiner Mutter, mich unter die Bettdecke verkriechen und nichts mehr sagen.

Der Psychologe hatte aber auch nicht das geringste von dem verstanden, was ich ihm gesagt hatte. Allerdings hatte ich ihm dabei auch nicht geholfen. Ganz im Gegenteil, ich hatte mein Äußerstes getan, jegliche Untersuchung meines Innenlebens zu vernebeln, denn es war mir peinlich. Und ich wußte ja nur allzu gut, warum ich zu ihm gekommen war. Je mehr er mir auf die Schliche kam, desto mehr führte ich ihn hinters Licht.

Aber mein Psychologe war doch mehr Psychologe, als ich gedacht hatte. Plötzlich sagte er: — Wissen Sie was, ich glaube, Sie sollten sich mehr den Männern gegenüber öffnen.

Das wirkte wie ein Pistolenschuß. Was hatte ich nur gesagt, das mich so total bloßstellen konnte?

Jetzt nahm er mich auf's Korn, was? Was sollte ich denn dazu sagen? Eine ehrliche Antwort blieb ich ihm dann doch schuldig — und ich werde nie vergessen, wie ich ihm diese Antwort schuldig blieb, und wie er mich auf's Korn nahm. Das saß.

Um so mehr Wasser war das auf seine Mühle. Es war tatsächlich kein gewöhnlicher kleiner Pop-Geist, mit dem ich zu tun hatte. Buchstäblich einer der führenden Kräfte im Reiche der Pop-Nummern. Das, was ich empfände, so sagte er mir, sei sicherlich real für mich, aber das bedeute nicht, daß es das tatsächlich sei. Aller Wahrscheinlichkeit nach handle es sich nur um ein vorübergehendes Phänomen. Ich sei jung. Die Zukunft läge vor mir. (Ich denke, er spielte auf alle die an, die ihre Zukunft bereits hinter sich hatten.) Ich sollte nicht zu früh Entscheidungen treffen.

Unter uns gesagt: „Was sagen die Sterne?" hätte es nicht besser formulieren können. Er meinte, der Mensch, mit dem ich mich stark verbunden fühle, solle von mir in den Hintergrund geschoben werden. Das führe zu nichts. Ich selbst sei ja der beste Beweis dafür. Ob ich das nicht auch meinte? Doch. Ich sei frustriert, meinte er, und solle mich nicht durch meine Angst kaputtmachen lassen.

Endlich raffte ich mich auf, ihm zu sagen, daß ich mich im Grund genommen immer von Frauen am meisten angezogen fühle und mich nicht erinnern könne, auch nur ein einziges Mal ... — Das ist nachträglich rationalisiert! sagte er (trotz allem sprach er ja mit einer Akademikerin). Gefährlich, gefährlich — ich dürfe jetzt wirklich nicht mehr solch voreilige Schlußfolgerungen ziehen. Viele Frauen seien fünfundzwanzig, ja dreißig! bis sie den passenden Mann fänden, und ich sei gerade zwanzig. Das könne sich wieder zurechtlaufen. Ich solle es nur nicht so ernst nehmen.

Konnte das wirklich wieder in Ordnung kommen? Ach, vielen, vielen Dank, Herr Psychologe! Ist das tatsächlich wahr? Ist es auch ganz sicher, daß ich trotz allem nicht

lesbisch bin? Oh, du glückliche Pamphelia! Wie befrei-
end! Dann muß es also nicht so sein, daß ich Frauen bevorzuge! Wie froh ich bin, über alles, was SIE mir gesagt
haben. Ich fühle mich jetzt so erleichtert. Aufrecht und
gerade wie ein Kind in dem Lied von Margarethe Munthe*. Stell dir vor — ich brauche nicht pervers zu werden! Stell dir vor — wenn ich groß bin, bekomme ich die
Erlaubnis, so normal zu sein, wie die Normalen es sind!
Oh, Seelsorger, ich besinge dein Angedenken!
(Melodie: Hänschen klein)

Lesbe klein ging allein
In die Het'rowelt hinein
Frau'n wie sie, traf sie nie
Ging zur Therapie.
Ach, die Lesbe freut sich sehr —
War sie gar nicht lesbisch mehr?
Kriegt geschwind Mann und Kind.
Glücklich alle sind.

Ich brauche also nur davonzugehen und einzusehen,
wie falsch ich alles aufgefaßt habe — schließlich liebte
ich jemand. Liebt man jemand, muß das zu etwas führen. Liebte ich jemanden, mußte man fürchten, wohin
das führt. Ich müsse auf den rechten Weg geführt werden, mich den Männern öffnen, sonst führe das alles zu
nichts. Liebe zwischen Frauen bedeutet nichts.
Nur ein vorübergehendes Phänomen von zwanzigjähri-

* Margarethe Munthe ist in Norwegen für ihre moralisierenden Kinderlie-
der bekannt.

ger Dauer. Und diese ganze Riesenniederlage hatte ich vor Gunnhild bis ins kleinste Detail ausgebreitet. Das alles. Nicht ein einziges Mal mehr würde ich es wagen, sie zu treffen — das nahm ich mir vor.

Ich bezahlte die Rechnung und nahm zum zweiten Mal eine Taxe bis zu ihr. Keine Ohnmacht, als unsere Augen sich begegneten. Mit einem Schlag wurde mir klar, was sie damit gemeint hatte, daß ich nicht die einzige sei. Ich überfiel sie nahezu auf dem Sofa. Wir sollten uns wohl erst etwas besser kennenlernen, meinte sie.

Dann liebten wir uns.

WUNDERLICHE WELT
DER THEORIE

Die erste Zeit — du lieber Himmel, was für eine Qual. Im Sozialistischen Studentenbund hatte ich gelernt, daß es bürgerlich sei, das Licht zu löschen. Wir für unseren Teil waren so bürgerlich, daß wir nicht wagten, uns zu umarmen, ohne daß es dunkel war. Auf diese Weise brauchten wir nicht zu sehen, wie seltsam das mit zwei Frauen war. Das ist es ja auch. Zwei Frauen passen ja schließlich nicht ineinander. Nun komm mir nicht damit, daß du darüber noch nicht nachgedacht hast. Wie kriegen zwei Frauen das überhaupt hin?

Siehst du, gerade das ist eine brennende Frage in unserem Kulturkreis. Was machen zwei Frauen eigentlich, wenn sie miteinander schlafen? Diese Frage war bereits gelöst, bevor wir sie uns überhaupt stellen konnten.

Aber dann tauchte der Penis-Gedanke mit all seiner Wucht auf. Die Lehre von der Unersetzbarkeit des Gliedes hatte auch uns nicht unberührt gelassen. Eines muß ja in ein anderes passen, sonst geht es nicht. Eine Art Hand-in-Handschuh-Theorie. Zu der Zeit, als ich noch herumzog, um mir ein Alibi zu verschaffen, hatte ich auch hartnäckig behauptet, daß Mann und Frau viel besser zusammen paßten — von der Natur aus betrachtet. Sie richtet ja doch alles so weise nach dem Hand-in-

Handschuh-Prinzip ein. Natürlich fiel mir dabei nicht einen Augenblick ein, daß die Natur auch mich eingerichtet hatte.

In solchen Situationen kommen die letzten Seiten im „Dagblad" zu ihrem Recht. Wir bestellten unterschiedliche unklar bezeichnete Unaussprechlichkeiten in allen Regenbogenfarben, in der Hoffnung, es befände sich darunter so etwas, das sich Vibrator nennt. Tat es aber nicht. Deshalb begannen wir selbst einen anzufertigen. Es wurde ein imponierendes Werk. Versuch es selbst mal! Das war auch das, was am meisten Probleme machte. Das Peinliche kommt noch. Es zeigte sich, daß keine von uns Lust hatte, das Ding zu benutzen.

Wozu haben wir es dann gemacht? Ja, es wird immer peinlicher. Das wurde dann auch tatsächlich zum Grund unseres ersten großen Zusammenstoßes. Es war eine Riesen-Auseinandersetzung vom Typ der „Aber ich dachte ..."-Streite. Ein gigantisches Mißverständnis. Sie dachte, ich sei wild darauf, es bei ihr auszuprobieren, und ich dachte, sie sei verrückt danach, es bei mir zu versuchen. Und keine von uns beiden kam darauf zu sagen: „Weißt du, auf so was käme ich nie." Weil wir ja so verständnisvoll sein wollten. Und Sexualität ist ja etwas Dunkles und Geheimnisvolles, wo geheime Mächte im Verborgenen walten.

Der ganze Zusammenstoß verursachte eine Verwirrung bei uns, die später nie aufgeklärt wurde. Wir fühlten uns veranlaßt, uns zu fragen, wer Mann und wer Frau in dem Verhältnis zu sein hatte. Ich war anfangs vollkommen überzeugt davon, daß ich mich als Mann fühlen müsse, aber das war sie auch. Und das ging nicht, es sei denn, wir hätten uns als Schwule verstanden. Mir wurde dann klar, welch ein Blödsinn es war, mich als Mann zu sehen, wenn ich tatsächlich eine Frau bin. Aber diese Auffassung hatte nur eine Chance, wenn sie sich als Mann betrachtete. Nun zeigte sich aber, daß sie es nach einer Weile auch für Unsinn hielt, sich als Mann zu betrachten. Das haarsträubende Resultat war, daß wir beide in das große Unbekannte starren mußten: Wir hatten uns — alle beide — als Frauen zu verstehen.

Und das stimmte mit nichts von dem überein, was wir einmal gelernt hatten. Der Kulturkreis, dem ich angehöre, gab mir nur eine einzige Möglichkeit, das zu verstehen: Da ich nun mal eine Frau haben wollte und keinen Mann, war ich eben eine Frau mit dem perversen Wunsch, ein Mann zu sein.

Das beinhaltete folglich den Wunsch, mit einem Penis ausgestattet zu sein. Ein Wunsch, den ich übrigens mit allen Frauen teile. Weil Freud das gesagt hat.

Glaub nur nicht, daß ich auf meine Kultur nicht wütend war, weil ich mir das einzubilden hatte.

Wie gesagt, wurde unser Verhältnis nicht besonders gut. Wir einigten uns auf eine Trennung. Diese Übereinstimmung funktionierte folgendermaßen. Ich sagte: ,,Jetzt will ich also nicht mehr. Wir hören auf damit.'' Dann weinte sie und sagte: ,,Nein, das halte ich nicht aus.'' Woraufhin wir so weiterlebten, bis sie eines Tages sagte: ,,Das geht nicht mehr so weiter. Wir müssen Schluß machen.'' Dann weinte ich und sagte: ,,Wie soll ich ohne dich zurechtkommen?'' Woraufhin wir weitermachten.

Auf diese Weise dauerte die Beziehung tatsächlich sieben Monate.

Als wir uns dann endlich zur Trennung entschlossen, war da nicht eine Seele, die Anteil nahm wie bei anderen, glückseligen, normalen Trennungen. Die ganze Zeit war es uns gelungen, das Verhältnis verborgen zu halten. Du kannst dir ganz einfach nicht vorstellen, wie verborgen wir es gehalten haben. Ganze sieben Monate ging es knarrend die Treppe auf und ab, wenn wir uns gegenseitig besuchten — und das war ja fast nie zu akzeptablen Zeiten —, wir sprangen aus dem Fenster, tappten im Dunkeln zum Klo (als wir uns etwas besser kannten, pinkelten wir im Zimmer in einen Topf, aber das wagten wir nicht im ersten Teil der Romanze), verstellten die Stimmen, wenn wir uns anriefen (ich hatte dann einen Bergen-Dialekt, den ich besonders liebte), und morgens pflegte ich mich aus dem Zimmer zu schleichen, um dann eine halbe Stunde später zurückzukehren und die Wirtin öffnen zu lassen, damit sie sehen konnte, daß ich jetzt kam. Das unterschied sich mit anderen Worten keineswegs von normalen Gangstergewohnheiten. In dem Bemühen, uns nicht verdächtig zu benehmen, führten wir uns höchst verdächtig auf.

Nichts desto weniger konnten wir verhindern, daß sie uns alle zusammen sahen: unsere Wirtsleute, die Freundinnen und Freunde, unsere Familien. Unser ständiges Zusammensein wirkte unbestreitbar auffallend, außerdem war Gunnhild Krankenschwester, und ich hatte mich früher nie mit Krankenschwestern abgegeben. Die wunderten sich selbstverständlich. Und wir fragten uns, ob die sich wohl wunderten. Natürlich verstanden sie recht gut, was da los war. Und wir wußten, daß sie es wußten. Aber sie sagten nichts. Das liegt in der Natur der Sache.

Obwohl wir unser Bestes getan hatten, unsere Umgebung sieben Monate lang hinters Licht zu führen, waren wir sehr verbittert, wieder zur Einsamkeit verurteilt zu sein, ohne daß auch nur eine Person Anteil nahm.

In dieser Beziehung hatten Gunnhild und ich ja selbst Schuld. In der Praxis waren wir ja das einzige lesbische Paar in ganz Oslo, ja, sogar eigentlich auf der ganzen Welt. Ich wußte nicht, wie ich es schaffen sollte, wenn ich nicht augenblicklich Gleichgesinnte fände. Wie man das so nennt. Aber wie konnte ich das? In der Realität ist niemand schwul unter den vielen hundert Menschen, die man täglich sieht.

Ich erinnerte mich, daß einige meiner Kommilitonen einmal verstohlen die Zeitschrift „Der Freund" gelesen hatten. Das war auf einem großen Studentenfest, als die Männer so betrunken waren, daß sie sich mit Frauenstimmen gegenseitig aufforderten: „Hasch mich, ich bin der Frühling", dabei pikant mit den Hüften wackelten, bevor sie dann ganz männlich jeder mit seiner Studentin in einer Sofaecke verschwanden. Die Damen Kommilitoninnen waren selbstverständlich wild vor Begeisterung; sowohl vom femininen Einschlag als auch vom darauffolgenden männlichen Ernst. Ich tat, als fände ich es einmalig komisch, und landete folglich in einer Ecke mit einem Herrn, der recht bald in Atemnot geriet.

Naja. Ich hatte eine Auskunft bekommen, die ich gebrauchen zu können glaubte, und ging zu der freundlichen Dame im Narvesen-Kiosk. Jetzt ging es auf Biegen oder Brechen. Aber dort führte man leider nicht den „Freund", sagte sie und sah mich mitleidig an — mit einem Blick, der meine geheimsten Gedanken enthüllte.

Ich wußte, daß es eine Organisation gab, wußte nur nicht, wo sie war oder wie ich Kontakt aufnehmen konnte. Aber ich hatte gewagt, mir Finn Carlings „Die Homophilen" zu kaufen. Nun mußt du nicht denken, daß ich so ganz lässig zur Buchhandlung Cammermeyer ging und sagte: „Ich hätte gern ‚Die Homophilen' von Finn Carling." Zunächst einmal überlegte ich mir das vierzehn Tage lang und fragte mich, ob die Verkäuferin mich wohl für homophil hielte, oder rechnete damit, daß die eine oder andere Katastrophe einträte, wenn sie das annahm. Sämtliche Bücher würden aus den Regalen fallen und der Straßennotdienst alarmiert werden — ta-tü, ta-tü, ho-mo, ho-mo im Volksgewimmel.

Ich ging hinein und versuchte so auszusehen als könnte mich nichts auf der Welt berühren und sagte:

— Haben Sie Bücher von Finn Carling?

— Soll es Belletristik oder Fachliteratur sein?

Damit hatte ich nicht gerechnet. Ich wurde blutrot.

— Egal, Hauptsache etwas von Carling.

Das Herz schlug wild und unbarmherzig. Sie ging fort. Und kam zurück mit „Quelle und Mauer". Das hatte ich schon.

— Wir haben nur „Quelle und Mauer", aber wir können gerne best ...

— Nein. Das ist in Ordnung. Ich nehme das, sagte ich, erleichtert, so einfach davongekommen zu sein, bezahlte hastig und ging zur nächsten Buchhandlung.

Das Resultat sah so aus, daß ich zum Schluß mit einem Exemplar von „Die Homophilen" und drei „Quelle und Mauer" dastand. Dann schrieb ich also an Finn Carling und fragte ihn.

Nachdem ich es geschafft hatte, mich vierzehn Tage von Gunnhild fernzuhalten, bekam ich die Adresse eines nichtssagenden Postfaches in Vika aus dem Stadtzentrum. Dort traf man sich ja wohl sicherlich nicht. Ich schrieb dahin. Das Postschließfach antwortete eine Ewigkeit von vierzehn Tagen später. In der ganzen Zeit hatte ich nichts von Gunnhild gesehen. Es war damals sehr spannend und geheimnisvoll. Der Brief war mit einem Allerweltsnamen unterzeichnet. Ich wurde aufgeklärt, daß man keinesfalls in den Verein aufgenommen würde, wenn man nicht jemanden dort kannte.

Du lieber Himmel, eben weil du niemand kanntest, dachtest du daran, dorthin zu gehen. Man könne vom Vorstand empfohlen werden. Ich wurde ersucht, zu einem Treffen um vier Uhr vor dem Grand Café mit dem „Dagblad" unter dem Arm zu erscheinen — nicht den kommenden, sondern den übernächsten Dienstag. Dorthin würde jemand kommen und mich mitnehmen. Ich solle nur schreiben, ob es paßt, ansonsten könne man einen anderen Tag finden.

Also schrieb ich, daß es ausgezeichnet passe, und dankte für die Antwort. Ich war froh und gespannt, da ich nun endlich andere Homosexuelle treffen sollte. Nicht am kommenden Dienstag, sondern am übernächsten, fand

ich mich vor dem Grand Café mit einem zusammenge-
knüllten „Dagblad" unter dem Arm ein. Meine kostbare
Eintrittskarte in Oslos verlockende Unterwelt. Ich kam
mehr als pünktlich.

Schuldbeladen stand ich da, starrte die Vorübergehen-
den an und fühlte, daß sie allesamt ganz genau wußten,
was das „Dagblad" zu bedeuten hatte. Fast war ich erstaunt, daß die meisten anscheinend gar nicht hinsahen.
Wie taktvoll. Ich blickte erwartungsvoll in das Gewimmel und war gespannt, ob die Betreffende mit dem ano-
nymen Namen wohl bald auftauchte.

Plötzlich sah ich Gunnhild kommen — mit einem
„Dagblad" unter dem Arm — und sich einige Fenster
weiter hinstellen. Sie blickte schuldbeladen und erwartungsvoll in das Gewimmel.

Ich überlegte, ob ich mich zu erkennen geben sollte.
Und ich kam mir etwas unehrlich vor, so als sei das Zu-
sammentreffen meine Schuld gewesen. Außerdem fühlte
ich mich etwas betrogen. Jetzt hatten wir es endlich geschafft, uns voneinander loszureißen, und wurden nun
rücksichtslos von dieser Kontaktorganisation wieder ver-
kuppelt.

Endlich kam eine büro-damenhafte Frau direkt auf
mich zu und sagte:

— Sie sind das wohl, die ich hier treffen soll.

Ich starrte sie an, ungläubig und erschüttert. Konnte
eine lesbische Frau tatsächlich wie eine Bürodame aussehen?

— Ja, ich bin das wohl, sagte ich, äußerst peinlich berührt, auf diese Weise erkannt worden zu sein.

— Da war auch noch eine andere Frau ...
— Sie steht da drüben, sagte ich.
Gunnhild wurde knallrot im Gesicht, als sie mich sah. Wir gingen also schön brav in das Grand Café.

Bald wurde mir klar, wie glücklich ich war, Gunnhild wiederzutreffen. Den ganzen Nachmittag lang war ich fest davon überzeugt, daß sie die Einzige für mich war, daß wir wieder zusammenkämen und ich sie nicht entbehren konnte.

Ich ging allein nach Hause. Warum war das Verhältnis zerbrochen, wenn ich sie derart brauchte? Warum brauchte ich sie so? Warum hatte das Verhältnis begonnen? Plötzlich fühlte ich, daß ich sie liebte und es nun aber zu spät war. Du weißt ja, wie das ist. So tief empfindest du, wenn etwas für immer und ewig zu spät ist.

Ich dachte daran, wie wir in den ersten zwei Monaten wohl zehnmal am Tag „ich liebe dich" zueinander gesagt hatten. Wir hatten beide einen ganzen Vorrat an ausgesprochenen Liebeserklärungen, die wir dann statt dessen über uns ergossen. Schließlich hatte ich es verboten. Ich sagte zu ihr, daß es nicht ehrlich sei und wir deshalb damit aufhören sollten. Unsere Traumwelt, die aus Bagatellen und kleinen Liebesphrasen bestand, wurde mir verhaßt.

Sie nannte mich beispielsweise „Fiffi" — dann war ich ihr kleiner Hund und bekam die Erlaubnis, ihre Nase zu lecken. Sie war die kleine Trine, der „Fiffi" gehörte — deshalb bekam „Fiffi" ein weichgekochtes Ei, weil es ein ganz besonderer kleiner Hund war. Voller Abscheu schaffte ich zum Schluß „Fiffi" und Trine ab. Wir hatten das wohl nur erfunden, um anderes zu verdecken, meinte ich.

Aber als „Fiffi" und Trine abgeschafft waren, war da eigentlich nichts mehr. Wir wußten nicht mehr, wie wir den Faden aufnehmen sollten. Vielleicht war da gar keiner mehr. Wir waren nur zwei Frauen, die sich aufeinander gestürzt hatten. Deswegen.

Am ersten Abend im Klub redeten wir lange miteinander. Unser Versuch, herauszubekommen, warum wir uns mißverstanden hatten, bließ mißverstanden. Wir kamen nicht an die Ursachen heran. Sie sagte nur:

— Du willst immer den Dingen auf den Grund gehen. Aber man kommt nie auf den Grund.

Das fand ich furchtbar albern. Aber ich vergaß es nicht. Ich konnte mir nicht vorstellen, jemals von Gunnhild loszukommen.

Am gleichen Abend verliebte ich mich Hals über Kopf in Agnes. Ich werde dir später von ihr erzählen. Sie gehörte zu dem Typ Frauen, der ahnen läßt, durch welche Kraft einmal neun Millionen Hexenverbrennungen verursacht wurden. Da siehst du es! Ich bin auch nicht viel besser — um das zu beschreiben, setze ich sofort die Männerbrille auf. Sie war eben so total Frau. Es dauerte übrigens nicht lange mit Agnes. In jedem Fall war ich innerhalb von vierzehn Tagen in das große lesbische Intrigenspiel verwickelt, das sich in Oslo breitgemacht hatte.

Wir sind ja auch Frauen der Dunkelheit und des Zwielichts. Wußtest du das nicht? So werden wir jedenfalls in spannenden Büchern zu diesem Thema dargestellt. Diese Beschreibungen sind meistens von der Art, daß gewöhnlichen Leuten erklärt wird, warum es Lesben gibt. Das ist wirklich nicht so einfach. Das kann ich gut verstehen.

Wie so zu hören ist, werden die Frauen in den USA lesbisch, weil sie zu Hause in den Vorstädten sitzen und sich langweilen, während ihre Männer ununterbrochen in wichtigen Geschäftsangelegenheiten in der Stadt sind. Außerdem kennen wir da eine Tradition aus dem Wilden Westen, wo der Männerüberschuß so groß war, daß die Frauen genug von den Männern hatten und sich erleichtert einander zuwandten. Hast du nicht all die Filme mit all den Lesbierinnen aus dem Wilden Westen gesehen? „Annie get your gun" war nur ein diskreter Vorläufer.

In Paraguay dagegen befand man sich immerzu im Krieg mit den Nachbarländern. Weil Paraguay so in der Mitte liegt. Was bedeutet, daß es einen großen Männermangel gab, da die meisten in dem einen oder anderen Krieg gefallen waren. Deswegen ist es ganz natürlich, daß die übriggebliebenen Frauen einander suchten. Das gleiche trifft für Deutschland zu. Die Lesbierinnen in Deutschland hatten sehr tiefe Stimmen.

In Schweden gibt es phantastisch viele lesbische Frauen. Dort sind sie so emanzipiert, daß sie eingesehen haben, wie albern es ist, sich einem Mann unterzuordnen. In Spanien sind die Frauen so unterdrückt, daß sie sich gegenseitig suchen, um ihren brutalen Männern zu entkommen. In Frankreich sind sie auf eine Art unterdrückt — dank dem Katholizismus —, aber auf eine andere Weise emanzipiert — dank Sartre und seiner auf irgendeine Art Ehefrau Simone de Beauvoir. Dieser unsichere

Zustand verursacht eine derartige Verwirrung zwischen den Frauen, daß sie lesbisch werden.

Außerdem wurden beträchtliche Fälle lesbischer Verbreitung in den nordamerikanischen Indianerstämmen bekannt. Dort packten die Frauen die Gelegenheit beim Schopfe, wenn die Männer zur Jagd auszogen oder auf dem Kriegspfad waren. Die Rauchsignale der Indianer sind eigentlich Vagina-Symbole, ausgesendet von lesbischen Squaws. Aber keine Kultur kann sich mit den Eskimos vergleichen. Hier wärmten sich die Frauen in den Iglus aneinander, während die Männer draußen waren und fischten (und es konnte schon eine ganz schöne Zeit vergehen, bis die Fische anbissen).

Xanthippe war lesbisch. Das wird sehr deutlich durch das Faktum belegt, daß Platon sorgsam unterließ, davon zu sprechen. (Er war auch nicht gerade zurückhaltend, wenn es um Liebe unter Männern ging. Aber das ist ja etwas anderes.) Während die Männer der Griechinnen nichtsahnend auf der Akropolis Demokratie machten, hatten diese sexuellen Umgang mit ihren Dienerinnen. Nicht zu reden vom Orakel von Delphi.

Über lesbische Lebensfreude im Inkareich wissen wir nichts, da keine aufgeschriebenen Quellen überliefert sind. Aber es ist eine ethnographische Untersuchung im Gang, die sich auf die Hypothese stützt, daß Knotenschriften als Brustwarzenfixierungen angesehen werden können. Und man sucht nach einer Erklärung gewisser lesbischer Orgien, die zu jeder Sonnenwende in den Bergen der Anden stattfanden. Besonders um den Titicaca-See herum.

Ich rechne damit, daß diese Theorien ziemlich unbe-
kannt für dich sind. Aber ich kann dir empfehlen, auf
diesem Gebiet die Fachliteratur zu studieren. Du wirst
in keinem Fall enttäuscht werden. Wenn du eines Tages
erkennst, daß du lesbisch bist, bekommst du das Gefühl,
eine große Tradition aufzunehmen — das wirst du jetzt
sicherlich verstehen.

SO WURDE MEIN LEBEN

Nie werde ich vergessen, wie sehr mich mein erster Besuch im Norwegischen Verband von 1948* schockierte. Der erste Schreck: sehen zu müssen, daß die Leute dort ebenso langweilig aussahen, wie die während der rushhour auf der Karl-Johan-Straße. Außerdem stieß es mich vor den Kopf, zwei Männer zusammen tanzen zu sehen. Das sah höchst sonderbar aus. Es verursachte mir ein Kribbeln bis in die Haarwurzeln. Sie klammerten sich förmlich aneinander fest und — was noch schlimmer war — stierten sich gegenseitig tief in die Augen.

Fasziniert stierte ich sie an, obwohl Mutter mir beigebracht hatte, nie seltsame Leute anzustarren. Es schockierte mich nicht so sehr, die Frauen zu sehen. Natürlich war ich auch nicht unberührt — aber Frauen sind nun mal etwas anderes. Nicht wahr?

Ich bin jetzt übrigens nicht ganz ehrlich. Einige spezielle Frauentypen waren da, die vollkommen der Vorstellung derer entsprachen, die keine Ahnung von Lesben haben. Du kennst die Typen mit Weste, Hose, Jacke und Kra-

---

* „Den Norske Forbund 1948" (DNF) ist die erste Homophilen-Selbstorganisation in Norwegen, ursprünglich mit dem Ziel gegründet, die Abschaffung von Strafbestimmungen für männliche Homosexualität zu betreiben. (Anm. d. Ü.)

watte, die derart männlich aussehen — besonders von hinten —, da siehst du dann sofort, daß das unmöglich ein Mann sein kann. Über diesen Typ Frauen war ich tatsächlich reichlich schockiert. Ja, sie wirkten nahezu abstoßend auf mich. Ich sage dir das, damit du nicht glaubst, ich gehöre zu diesen Erscheinungen, obwohl ich lesbisch bin. Mir liegt ganz im Gegenteil daran, daß du weißt, wie normal ich auf Abnormales reagiere.

Damals war es übrigens noch viel schlimmer, so gekleidet herumzulaufen, als heute, wo wir Unisex-Kleidung und alle — ungeachtet des Geschlechts — lange Haare haben. Wir sehen viele Dinge nicht mehr so streng. Da kann schon mitunter wehmütige Sehnsucht nach den guten alten Geschlechtsrollen aufkommen. Heutzutage weißt du beinahe nicht, in welches Geschlecht du dich verliebst. So weit sind wir inzwischen. Entwicklung geht ja immer voran, nur voran. Aber es müssen wohl gewisse Grenzen gewahrt bleiben.

Die Damen also, die in einer Zeit geboren wurden, in der sie noch die Chance hatten, sich wie anständiges Mannsvolk aufzuführen, besaßen auch eine sehr tiefe Stimme. Ob das nun durch Bier und Zigarren oder durch ein verdächtiges Hormon verursacht war, das in ihren Körpern herumschwamm, weiß ich nicht. Eine von denen fragte, ob wir nicht tanzen wollten. Ich sagte ja und war so dankbar, wie ich es immer gewesen war, wenn Kavaliere mich aus meinem Mauerblümchendasein erlösten. Sie hielt mich fest wie ein Schraubstock an ihrem großen, weichen Busen und führte mich sicher und bestimmt über den Tanzboden.

Ziemlich schockierend wirkte auch auf mich, daß jedesmal, wenn die eine oder andere Frau hereinkam, alle von den Tischen aus „Hallo! Wie geht's?" riefen.

Dann umarmten sie sich und hielten sich um die Taille gefaßt — um die Taille! — und blickten sich dabei allzu lange — mindestens fünf Sekunden — in die Augen und sahen dabei vergnügt aus.

Ich sah weg. Homophilie zur Umgangsform erhöht! Das erschütterte mich tief.

Es enttäuschte mich übrigens, daß keine von den BERÜHMTEN Homos, von denen man immer hörte, daß sie es waren, da war. Zumindest hatte ich gehofft, mit einigen interessanten Persönlichkeiten bekannt zu werden.

Aber was fand ich vor? Eine Ansammlung von Bürodamen, Krankenschwestern, Lochkartenstanzerinnen, Verkäuferinnen und Kalt- und Warm-Mamsellen. Was in aller Welt haben die Homophilen damit zu schaffen, einen ganz normalen Durchschnitt der Bevölkerung zu repräsentieren?

Gunnhild und ich wurden nacheinander von einigen erfahrenen Damen angesprochen, damit wir uns nicht so außenvor fühlen sollten. Dadurch begannen wir dann, uns außenvor zu fühlen.

— Wie findet ihr es hier? fragte eine Frau in gelber Seidenbluse, engem, schwarzem Rock und Perlenkette. (Sie war mit einer von denen mit Zigarren und Hormonen zusammen.)

— Ja ..., sagten wir geniert.

— Ja, man kann hier nämlich jede Art von Überraschung

erleben. Viele Mitglieder haben hier Bekannte getroffen, von denen sie nicht im Traum gedacht hatten, daß sie so sind. Wartet nur!

Das klang spannend. Sich vorzustellen, daß Gelegenheit war, hier Menschen zu treffen, die wir vorher schon gesehen hatten. Das waren Aussichten. Augenblicklich bedachten wir alle unsere Bekannten mit mißtrauischen Vermutungen.

— Wißt ihr, was heute passiert ist? Inger ließ sich heute vormittag die Haare machen. Und wißt ihr, wen sie traf, als sie am Abend herkam?

— Nein?

— Die Friseuse.

Die beiden lachten herzlich, prosteten sich zu und küßten sich, ohne rot zu werden. Dann schlugen sie einen ernsteren Ton an.

— Wie habt ihr es denn gemerkt? fragte die in der gelben Seide.

Das ist eine der vielen Fragen, die dich ganz einfach verfolgen. Von der Sorte, die dich haargenau auf die richtige Spur bringen. Eine solche Frage hat natürlich eine wie mich total verwirrt.

Wie fändest du es, auf diese Fragen zu antworten: Wie hast du deine Mutter entdeckt? Wie deine großen Zehen? Wie hast du herausbekommen, daß du Nahrung brauchst? Wie hast du entdeckt, daß du existierst?

Niemand hat dich das bisher gefragt? Komisch.

Aber weshalb antworte ich, wenn ich weiß, daß die Frage so albern ist? Natürlich ist es dann mein eigener Fehler. Ich hätte ja nur abweisend und spöttisch zu antworten brauchen, wenn ein mir fremder Mensch zum ersten Mal in meinem Leben mein Lesbischsein akzeptiert.

Das tat ich aber nicht. Ganz im Gegenteil ergriff ich die Gelegenheit, das Innerste meiner Seele nach außen zu kehren. Als ich dann meine kleine Geschichte meines Lebens beendet hatte, nickten die beiden lesbischen Veteraninnen zufrieden und sagten:

— Genau die gleiche Geschichte.

— Ja, genauso war es mit Eva und Inger und ... erinnerst du dich? fragten sie sich.

— Und der Handball-Mannschaft, sagten sie.

Ich akzeptierte das, als hätte sich etwas in mir gesetzt, seine Hülle bekommen. Endlich konnte ich mich selbst in einem Zusammenhang sehen. Bekam Perspektiven. Allmählich entwickelte ich eine Version von Meinem Leben und dessen Wendepunkt. Die präsentierte ich dann — mit kleinen Variationen — jedesmal, wenn ich gefragt wurde. Zum Schluß vertraute ich meiner Geschichte wie nichts anderem. Ich hatte ja nun verstanden, warum ich lesbisch war und wie ich es bemerkt hatte.

Es erstaunte mich, da mein familiärer Hintergrund eigentlich ganz typisch war, und ich wunderte mich, daß ich es nicht früher bei mir entdeckt hatte:

Ein dominierender Vater und eine unterdrückte Mutter. Zwei Schwestern. In der Volksschule ging ich in eine Mädchenklasse, und Mädchen waren wir fast ausschließlich auch im sprachlichen Zweig, den ich besuchte. (Schließlich war ich ja ein Mädchen. Ich dachte natürlich, daß ich ihn gewählt hatte, weil ich so gut in Englisch war und ich Mathematik so albern fand.) Da mein Vater nun mal um einen Sohn betrogen wurde, war ich seine Hoffnung für die Erfüllung seiner eigenen Wünsche.

Das war sonnenklar. Alles konnte nur auf eine Art und Weise enden: Ich wurde lesbisch.

Natürlich gibt es andere Ursachen, um lesbisch zu werden. Eine Vaterbindung mit dem dazugehörenden Elektrakomplex ist auf keinen Fall die einzige Erklärung. Hast du eine dominierende Mutter und einen blassen Schatten von Vater, wird die Frauendominanz zu Hause leicht zu einer Frauenbewunderung führen und — noch ungünstiger — zu einer Frauenidentifizierung. Sowie einer entsprechenden Verachtung für Männer, repräsentiert durch den eigenen Vater als Pantoffelhelden. Ungeheuerlich viele Lesben hatten dominierende Mütter.

Wächst du allein mit deiner Mutter auf, wird der Mann zu etwas Fernem, Sonderbarem. Später hast du dann Hemmungen, dich ihm zu nähern. Die Persönlichkeitsentwicklung stagniert in der starken Mutterfixierung und könnte später die lesbische Komponente in der Charakterstruktur bilden. Beträchtlich viele Lesben hatten keinen Vater.

Wächst du in einer Familie auf, in der es nur Schwestern gibt, kann die Intimität mit diesen leicht zu gegenseitiger Onanie im gemeinsamen Schlafzimmer führen. Diese scheinbar so unschuldige Abweichung im Verhalten kann eine Störung in der natürlichen, geistigen Entwicklung hervorbringen — und du wirst lesbisch. Es stellte sich heraus, daß viele Lesben nur Schwestern haben.

Hast du nur Brüder, kann der enge Kontakt zum männlichen Geschlecht während des Heranwachsens leicht zur Ausbildung einer Angstneurose gegen alles Männliche führen — und du wirst lesbisch. Eine Menge Lesben haben nur Brüder.

Wächst du als Einzelkind bei deinem Vater und deiner Mutter auf, wirst du leicht verwöhnt und damit untauglich für die reife Frauenrolle (die ja eine aufopfernde ist). Der Vater hat außerdem die Tendenz, so ein Mädchen wie einen Sohn zu erziehen, als Kompensation für den Sohn, den er nie bekommen hat. Viele Väter richten hier nichtsahnend irreparablen Schaden bei ihren Töchtern an. Zum Großteil sind Lesben Einzelkinder.

Wächst du in einem Kinderheim auf, kann der Mangel an Geborgenheit durch Vater und Mutter einen Mangel an natürlicher, gefühlsmäßiger Beziehungsfähigkeit zu anderen Menschen verursachen. Und du suchst Zuflucht in einem unreifen und unkomplizierten lesbischen Verhältnis. Ein großer Teil aller Lesben kommt aus dem Heimmilieu.

Es zeigt sich außerdem, daß die Eltern deine Entwicklung zum Lesbischsein beeinflussen können, bevor du geboren wurdest. Unzählbar die Geschichten, in denen Lesben erzählen können: Meine Eltern wünschten sich brennend einen Sohn.

Bekommen sie dann ein Mädchen, wollen sie der Wahrheit nicht ins Auge sehen und tun so, als wäre es ein Junge. Und das arme, unschuldige Mädchen lebt selbstverständlich nach den Erwartungen der Eltern — und wird lesbisch. So manche Eltern bekommen einen Schock, wenn sie das dann hören.

Viele persönliche Tragödien hätten vermieden werden können, hätten die Eltern sich beizeiten besonnen und sofort akzeptiert, daß ihr Kind ein Mädchen ist.

In normalen Familien dagegen hat sich gezeigt, daß die Töchter dahin tendieren, heterophil zu werden.

Abgesehen von den Fällen, in denen ein Mädchen zusammen mit einem Vater und einer Mutter, zwei Brüdern und einer Schwester aufwächst. Das ist eine gefährliche und ungeheuer komplizierte Situation. In solchen Fällen entsteht zu Hause eine Tendenz zur Geschlechterpolarisierung, so daß es bei den Schwestern zu einer Verschwörung gegenüber den Brüdern kommt (oder umgekehrt) und sich dadurch eine ungute Solidarität mit dem eigenen Geschlecht herausbildet, die später unmerklich in lesbische Liebe zu anderen Frauen übergehen kann. Untersucht man die Sache genauer, wird klar, daß eine Unzahl von Lesben in der Kindheit zwei Brüder und eine Schwester hatten.

Aber das ist auch eine Ausnahme. In allen anderen Fällen werden die kleinen Mädchen heterosexuelle Frauen. Das ist ja auch das Normale.

Wie gesagt, fühlte ich mich sofort besser, als ich in diesen Dingen Klarheit hatte.

47

PHANTOM SCHLÄGT ZU

Aber da war Agnes. Agnes, die ich an dem ersten Abend traf. Agnes war die *femme fatale* der lesbischen Welt. Die bekam *ich*.

Im Augenblick war es auch ein gewisser Triumph über Gunnhild, die an diesem Tag niemand bekam. Unser Schicksal wurde durch die Klänge von ,,Climb every mountain" besiegelt, und mit dem berauschenden Stereo-Crescendo ,,... till you find your dream" war uns klar, daß wir ein neues Lokal finden mußten.

Wir gingen zu ihr nach Hause und schliefen miteinander. Das glückte nicht besonders. Vor Aufregung strengten wir uns derart an, daß wir zum Schluß ineinander schwammen — aber nicht zum Höhepunkt kamen. Wir sprachen nicht darüber. Wir müssen uns wohl immer zuerst aneinander gewöhnen, denke ich. Und *sind* wir dann aneinander gewöhnt, glückt es oft nicht besonders ...

Wir schliefen erschöpft ein und wachten am Vormittag auf. Es war herrlich, neben ihr zu erwachen und ihre langen, schwarzen Haare auf dem Kissen zu sehen. Ich wäre schon immer gern dunkel gewesen — meine Farbe paßt nur zu sachlichen Diskussionsabenden.

Sie hatte ein großes breites Bett in einem Zimmer mit rotgetünchten Wänden. Am Fußende des Bettes hing ein großer Wandteppich mit aufgenähten Anti-Atomwaffen-Symbolen (das war, bevor die Anti-Atomkampagne begann). Da waren Plakate mit Norwegen raus aus der Nato und Nato raus aus Norwegen, Fidel Castro und Sieg für FNL. Es imponierte mir, daß sie ihr politisches Bewußtsein mit ins Schlafzimmer genommen hatte. Alles an Agnes imponierte mir. Hätte sie gesagt, sie sei Anhängerin des Gedankens, daß Norwegen Grönland zurückerobern solle, hätte ich mich mit Feuer und Flamme dafür eingesetzt.

Außerdem gab es da eine Reihe von Schwarz-weiß-Fotos mit vielen Frauen am Strand drauf. Auf den meisten erkannte ich Agnes. Mich beunruhigte das, denn es deutete darauf hin, daß andere vorher mit ihr intim waren. Ich wollte, daß Agnes nur für mich dasein sollte. In der einen Ecke stand eine Harfe, und an der Wand darüber hing ein anderes großes Saiteninstrument.

Wir lagen nebeneinander auf dem Rücken und rauchten. Ich fühlte mich so wundervoll wie in einer Reklame für John Silver.

— Was ist das für ein Instrument? sagte ich, um etwas zu sagen.

— Das ist eine Laute.

— Kannst du spielen?

— Ein bißchen. Solveig kann.

— Solveig. Wer ist Solveig?

— He! Solveig, wer ist Solveig ... das Phantom eben!

— Ich kenne keinen, der Phantom heißt.

— Sag mal, wie lange bist du schon im Klub?

— Gestern war es das erste Mal.

Ich fühlte mich hoffnungslos naiv und außenvor.

— Du warst gestern da und hast nicht das Phantom bemerkt?

— Ich habe nur dich gesehen.

Welch idiotische Bemerkung, dachte ich hilflos. Sie sollte ja bloß nicht den Eindruck gewinnen, daß ich an ihr besonders interessiert war. Ganz im Gegenteil sollte sie denken, daß es meinerseits eine ganz zufällige, einmalige Affäre war, und daß ich nur darauf wartete, zu der nächsten von denen zu gehen, die bei mir Schlange standen. Diesen Eindruck wollte ich gern erwecken, weil ich absolut keine erotische Sensation bin — weder in der hetero- noch in der homophilen Welt.

Aber Agnes lächelte. Sie hatte ein Lächeln, das dir einen Diamanten aus der Tasche ziehen könnte. Siehst du sie so lächeln, bekommst du Lust zu sagen:

— Fahren wir zusammen nach Samarkand?

Es kribbelte mir unter den Füßen. Ich wollte gerade fortfahren, als Agnes weiterredete:

— Solveig war die Lange, Kräftige mit den kurzen, blonden Haaren und schwarzen, engen Hosen. Ihr gehört die Wohnung hier.

— Ist das nicht deine?

— Nein, warum sollte sie?

Nein, warum in aller Welt sollte die Wohnung, in die wir zusammen gegangen und in der wir miteinander geschlafen hatten, auch ihre sein?

— Nur, weil ich hier gelegen und gedacht habe, daß es deine ist.

Sie drehte sich um und sah mich an. Ich glotzte verliebt

zurück.

— Nein, nein, nein. Ich wohne hier nur vorübergehend ... Ich muß raus.

— Warum denn das?

— Sie ist enttäuscht von mir, sagt sie. Ich verschwand mit Marit, aber das war nur ein Seitensprung meinerseits. Ich wollte nicht, daß sie dahinterkommt. Aber natürlich hat uns jemand nachspioniert und gequatscht. Ich könnte diesem Weibsbild den Hals umdrehen.

— Wem?

— Miezi natürlich. Sie kam angerauscht und erzählte es Solveig sofort, nur weil sie es liebt, wenn Solveig furchtbar wütend wird. Außerdem ist sie selber scharf auf Marit. Marit und Miezi waren lange zusammen, und die Beziehung der beiden war total kaputt. Der ganze Klub wußte das, deshalb nannten sie die beiden nie anders als Miezi und Mausi. Das haben sie verdient. Und Mausi, diese Marit, wollte von Miezi weg und verliebte sich in mich. Aber ich sagte zuerst nein, weil ich nicht anderen die Frau ausspanne. Aber später wurde mir klar, daß in jedem Fall Schluß war mit den beiden, deshalb ging ich darauf ein. Miezi entdeckte uns, weil Marit und sie — obwohl doch Schluß war — noch zusammen wohnten. Und bei mir konnten wir nicht sein, weil ich mit Solveig zusammen wohnte. Sie machte uns eine höllische Szene, nannte uns Huren und meinte, es gäbe keinen Grund, warum ein Anspruch auf Treue bei Lesben nicht auch gelten sollte. Wir hätten also das sechste Gebot gebrochen, sagte sie; sie ist in der Heilsarmee, weil sie da in Uniform gehen kann, und nach dieser Moralpredigt lief sie schnurstracks zu Solveig und erzählte ihr den ganzen Kram. Solveig wurde nicht wütend. Das war beinahe das Schlimmste. Sie spielte die tief Verletzte, die Gekränkte und konnte nicht verstehen, daß ich ihr das angetan habe und so weiter. Und das trotz der Sache mit Synnøve.

— Synnøve?

— Ja, Synnøve. Diese Nutte. Weißt du auch nicht, wer das ist? Die sich einbildet, so wahnsinnig schön zu sein. Solveig machte sie an, als sie das erste Mal im Klub war. Und damals hatte Synnøve es noch nie mit jemand gemacht. Also wollte Solveig ihr gern eine sachkundige Einführung geben. So nannte sie das! Sachkundige Einführung. Daraus ist nichts geworden. In Wahrheit war sie scharf auf Jungfrauen. Ich versuchte, großzügig darüber hinwegzusehen, weil wir uns darauf geeinigt hatten, daß unser Verhältnis ganz frei sein sollte. Aber das galt natürlich nur für sie. Und nun hat sie eine neue Freundin gefunden. Eben deshalb muß ich jetzt raus. Du? Hast du Durst?

Ich nickte. Sie ging hinaus und kam mit einer Flasche Martini und zwei Gläsern zurück.

— Wir wär's mit einem Toast auf den Morgen?

— Ausgezeichnete Idee.

Wir prosteten uns zu. Ich fühlte mich in einen Superfilm versetzt, in dem Rock Hudson endlich Elizabeth Taylor ins Bett bekam — alles in Cinemascope. Ich lächelte erneut meine Eroberung an. Sie lächelte zurück. Sie hatte so lustige Zähne. Sie erweiterten sich in die falsche Richtung. Außerdem hatte sie einen so wunderschönen Nakken. Gerade als ich ihr mit dem Zeigefinger zärtlich über

die Nackenhaare streichen wollte, hörten wir einen
Schlüssel in der Wohnungstür. Ich starrte Agnes wild an.
Sollte ich mich unter der Decke verstecken? Lächerlicher Gedanke. Wir hörten die betreffende Person in die
Küche gehen und dort herumpoltern, dann näherte sich
ihr Schritt, und sie stieß die Tür auf. Sie war kräftig und
trug kurzgeschnittenes Haar. Herrenschnitt. Hätte ich
nicht schon vorher gewußt, wer das war, hätte ich gedacht, das sei ein Mann. Sie baute sich vor uns auf: in
der einen Hand ein Glas Milch, die andere in die Hüfte
gestützt. Die Milch wirkte seltsam provozierend.

— Ach nee, was machst du denn hier? fauchte sie.

— Das siehst du ja wohl.

— Das siehst du ja wohl. Das siehst du ja wohl! Weißt
du, was ich sehe?

Sie zeigte mit wütendem Finger in Richtung Küche.

— Ich sehe, daß du seit drei Tagen nicht abgewaschen
hast, das sehe ich. Und diese Woche warst du dran. Solange du in meiner Wohnung wohnst, hast du dich nach
der Ordnung hier zu richten, auch wenn alles andere kaputt ist.

Plötzlich wandte sie sich mir zu.

— Weißt du was?

Ich sah verwirrt zu Agnes.

— Nein, ich spreche nicht mit ihr. Ich spreche mit dir,
du neue Nummer da. Weißt du was? In der ganzen Zeit,
in der sie hier wohnt, hat sie nicht einmal den Staubsauger angerührt. Sie weiß nicht mal, wo er steht. Weißt du,
wo der Staubsauger steht, Agnes? Nicht genug damit,
daß ich ihr ein Dach über dem Kopf biete, ich soll auch

noch Geld für sie mitverdienen und ihr Hausmädchen sein, und obendrein werde ich noch von ihr hintergangen. Jawohl. Na, danke!

Sie nahm plötzlich eine andere Haltung ein. Mit ausgestreckter Hand kam sie auf mich zu. Überfreundlich.

— Guten Tag. Mein Name ist Solveig Bang. Ich betrachte es als meine Aufgabe, die ganze Homowelt zu warnen. Auch dich. Wie ich sehe, gehörst du nun also auch dazu. Weißt du, wie viele kleine Mädchen dieser süße, kleine Fleischbrocken da umgelegt hat? Weißt du, wie viele Weibsleute sie im Namen der Liebe bei sich aufgenommen hat? Und weißt du, wieviel Geld sie verdient hat, seit sie vor zwei Jahren in die Stadt kam? Nicht eine Öre. Aber das ist vollkommen in Ordnung. Liegt nur da und trinkt meinen Martini. Das macht gar nichts, ihr Lieben.

Sie marschierte hinaus und knallte die Tür hinter sich zu. Sofort riß sie sie wieder auf, stürzte herein und griff nach der Martiniflasche, die Agnes in der Hand hielt, schleuderte sie mit aller Kraft auf den Boden; dabei brüllte sie:

— So, das macht es aus! Allerdings! Du stiehlst alles, was ich habe. Stiehlst! Alles!

Sie baute sich auf und zeigte auf die Pfütze am Boden, in der Glasscherben schwammen.

— Sieh zu, daß du das aufhebst! Und wisch das hier trocken! So eine Sauerei. Wie kannst du zulassen, daß mein Schlafzimmer derart verdreckt wird?

Solveig war, wie gesagt, eine große Frau mit breiten Schultern und großen Händen. Das bin ich nicht. Agnes auch nicht. Agnes starrte sie an.

— Sieh zu, daß du in Gang kommst. Oder weißt du vielleicht nicht, wo Eimer, Schaufel und Besen sind?

— Ehrlich gesagt ..., rief ich.

— Ehrlich gesagt — ja! schrie Solveig zurück. — Dein ehrlich gesagt kannst du gleich haben. Allerdings!

Sie gab Agnes einen heftigen Stoß, so daß sie mit den Knien und beiden Händen in die Splitter knallte. Die eine Hand begann arg zu bluten. Im selben Augenblick stürzte ich mich auf Solveig, benutzte den einzigen Cowboytrick, den ich kenne, und schleuderte sie zu Boden. Sie fiel so gegen die Harfe, daß diese zu klingen begann. Das Buch der Psalmen hätte das nicht besser bringen können.

Sie befreite sich und war im Nu wieder auf den Beinen.

— Na, kommt nur her. Ich werde es wohl mit euch beiden aufnehmen. Immer schön ruhig bleiben.

Mit gebeugten Knien und geballten Fäusten starrte sie von einer zur anderen. Hoppalong Cassidy hatte Elizabeth Taylor in der Hauptrolle abgelöst.

— Ich rufe die Polizei, brüllte Agnes.

— Und wie willst du das machen, wenn ich fragen darf? Wenn die hören, daß du es bist, legen die gleich wieder auf. Die hatten schon genug Ärger mit dir.

Sie packte Agnes und zerrte sie in den Flur. Ich ergriff das Milchglas, das Solveig abgestellt hatte, und goß ihr den Inhalt über den Kopf — die Hälfte bekam Agnes ab. Solveig schleuderte mich weg. Ich lag plötzlich da und starrte den Sieg der FNL an.

— Und jetzt raus mit dir! Augenblicklich. Ich will dich nicht mehr sehen, das war das letzte Mal.

— Du kannst sie ja wohl nicht ohne Kleider raus-
schmeißen, rief ich und stellte mich mit dem Rücken zur
Eingangstür.

— Doch, sie kann, das hat sie nämlich schon mal gemacht, sagte Agnes.

— Blödsinn!

Dann fühlte ich einen harten Griff um das Handgelenk
und wurde herumgezerrt, so daß ich die Balance verlor.
Solveig schaffte es, die Tür aufzubekommen. Und schon
hatte sie Agnes und mich hinausgedrückt. Wir stellten
die Füße zwischen die Tür, doch da wir barfuß waren,
tat es so weh, als sie uns einklemmte, daß wir aufgeben
mußten. Die Tür wurde wieder zugeknallt.

Da standen wir auf dem Treppenabsatz und sahen einander an. Splitterfasernackt und zehn Grad Kälte draußen. Agnes fauchte und trat gegen die Tür. Ich fragte, ob
sie jemand von den Nachbarn kennt, so daß wir klingeln
könnten. Sie sagte, daß die Nachbarn die Nase voll hätten von ihr und Solveig wegen all der Frauenfeten, die
sie in dem letzten halben Jahr veranstaltet hatten.

Ich ballerte gegen Solveigs Tür.

— Gib uns unsere Sachen, verdammt noch mal!

Nicht ein Geräusch von drinnen. Was sollten wir machen! Wir konnten ja so nicht auf die Straße gehen. Na
gut, das war vielleicht die einzige Lösung — weil wir
dann in jedem Fall festgenommen werden würden und
so ins Warme kommen könnten. Nein, irgendwelche
Nachbarn mußten sich unserer erbarmen, auch wenn die
beiden so unbeliebt waren. Ich schlug das noch einmal
vor, aber Agnes schüttelte den Kopf.

— Wenn es noch mehr Spektakel gibt, wird Solveig rausgeschmissen, verstehst du? sagte sie.

Ich konnte nicht einsehen, daß jetzt der Moment war, auf Solveig Rücksicht zu nehmen, und ging zur Tür auf der rechten Seite, um zu klingeln. Sollte kommen, was wollte. Wir konnten nicht dastehen und uns halb totfrieren.

Da öffnete sich Solveigs Tür einen Spalt, und eine Hand warf ein Bündel Kleider raus. Kurz darauf ging die Tür noch einmal auf, und meine Handtasche flog durch die Öffnung. Während wir uns anzogen, hörten wir Schritte auf der Treppe. Ein älterer Herr kam herunter. Er blieb stehen und gaffte erstaunt. Dann zeigte er mit dem Stock auf Agnes und sagte:

— Müßt ihr euch unbedingt öffentlich zeigen? Meine Frau und ich, wir sind ältere Leute! Das ist eine Schande für das Haus ...

Solveigs Tür wurde zum dritten Mal geöffnet und zwei Paar Stiefel fielen heraus, bevor sie die Tür zuschmiß. Der eine fiel genau vor die Schuhspitzen des älteren Herrn.

— Entkleidungszenen im Treppenflur! Er schnappte nach Luft und stieg wieder die Treppe hinauf.

ZIMMERSTRATEGIE

So endete mein erstes Klubabenteuer. Aber du darfst wirklich nicht denken, daß lesbische Beziehungen normalerweise so sind. In Paris geht es sicher im großen und ganzen so zu. Und in London. In London wimmelt es von reinen Frauen-Klubs. Dort wirst du in ein Intrigenspiel verwickelt, kaum daß du einen Fuß in die Tür gesetzt hast. Auch in Kopenhagen nehmen wir für gewöhnlich teil an der großen europäischen Bewegung. Jedesmal wenn Frauenabend ist, schlagen sich alle Frauen wie die Verrückten, zerdeppern die Möbel im Western-Saloon-Stil, stehlen sich gegenseitig die Freundinnen und nehmen LSD. Aber in Oslo sind sie ja ein bißchen zurück.

Agnes und ich fuhren mit einer Taxe zu mir. Ich wohnte bei einem älteren Ehepaar und hatte Herrenbesuchsverbot nach 22 Uhr. Sie hatten mir gleich beim Einzug Bescheid gesagt, daß sie sehr altmodisch seien — meine Wirtin hatte noch hinzugefügt:

— Also, mein Christoffersen sieht einfach rot, wenn es um so was geht.

Ich hatte gefragt, ob es etwas ausmachte, wenn ich Freundinnen dahätte. Nein, das sei ja etwas ganz anderes.

— Aber bei Herrenbesuch, sagte meine Wirtin, — da sind für Christoffersen Grenzen.

Zu Hause angekommen, kochte ich einige Eier und machte Tomatensuppe. Wir sahen uns etwas beschämt an. Es ist so vollkommen anders, wenn man die täglichen Dinge erledigen muß. Agnes hatte mich am Abend zuvor ungeheuer fasziniert. Ich war verknallt — wie man so sagt. Und ich wußte, daß Solveig all die Sachen zu mir gesagt hatte, um gemein zu sein. Trotzdem hatte es irgendwie vermocht, meine wunderschöne Traumwelt auf ein Abwasch-Schüssel-Niveau herunterzubringen. Ich wollte so gern eine aufregende Frau lieben. Agnes war aufregend. Ich zog einen Strich unter die Sache, furchtbar ängstlich, sie zu verlieren.

Als sie eine Woche bei mir war, meinte ich, das dauernde Rein- und Rausschleichen und Dielenknarren nicht mehr aushalten zu können. Ich ging zu Frau Christoffersen und sagte, wie es war. Das heißt, ich sagte natürlich nicht, wie es war. Ich erzählte, daß ich eine Freundin hätte, die zur Zeit ein Zimmer suchte und nicht wüßte, wo sie bleiben konnte. Frau Christoffersen stellte eine Menge Fragen, die ausweichend oder unwahr beantwortet wurden; sie versprach, Christoffersen die Sache vorzulegen.

Nachdem ihm die Sache dargestellt war, hatte Christoffersen folgende Meinung dazu: Unter der Bedingung, daß es sich ausschließlich um eine vorübergehende Regelung handle und die Miete sich um 50 Kronen pro Monat erhöhe (ich bezahlte vorher 200) wegen der Abnutzung des Teppichs, der Badezimmerbenutzung, Störung der Mittagsruhe durch Stimmgebrauch und anderes mehr, nebst der prinzipiellen Erwägung, daß kein Mensch gratis wohnen solle (sie selbst zahlten 173 Kronen für die ganze Wohnung an den Hausbesitzer), könne meine Freundin wohnen bleiben. Frau Christoffersen wiederholte „ausschließlich vorübergehend" vier-, fünfmal — sie ließ es förmlich auf ihrer Zunge zergehen —, und daß Christoffersen angedeutet hatte, dies bedeute bis Ultimo, also April.

Und dann das *Bett*. Frau Christoffersen dachte aber auch an alles. Sie hätten so ein zusammenlegbares Stahlfederding auf dem Boden stehen, sagte sie. Das könnten wir ruhig nehmen. Das machte nichts aus. Sie brauchten es sowieso nicht. Im übrigen ginge sie gern mit uns rauf, es zu holen. Agnes und ich — wir hatten die ganze Woche lang ausgezeichnet auf meinem breiten Bett geschlafen — lächelten und sagten, dies sei wirklich nicht nötig. Doch, ihr Lieben, kommt nur. Ich will nur den Schlüssel holen.

Wir stiefelten also auf den Boden, holten das Bett herunter, fanden es sehr zuvorkommend von ihr und tausend Dank auch.

Das war nicht das Schlimmste. Natürlich klappten wir das Bett zusammen und schoben es unter das andere — und schliefen wie bisher. Zu der Zeit hatten Agnes und ich sozusagen noch nicht richtig zueinander gefunden — sexuell —, wenn du verstehst, was ich meine. Eines Abends aber landeten wir wirklich urplötzlich im Bett und hatten es unheimlich schön. Genau in dem Moment, da ich im Begriff war, die illustren Höhen zu erreichen, wo alles scheißegal ist („Plateaustadium"), klopfte es. Himmel! Die Tür war nicht verschlossen. Wir sahen den Türgriff sich nach unten bewegen.

— Einen Augenblick! schrie ich. — Wir haben uns schon hingelegt! fügte ich hysterisch hinzu — mit einer Stimme, die besser dazu gepaßt hätte, eine Feuersbrunst anzukündigen. Frau Christoffersens Stimme ertönte von der anderen Seite der Tür:

— Aber Liebe, das macht doch nichts. In der Beziehung bin ich überhaupt nicht zimperlich.

— Nur einen Moment, flehte ich. Hätte ich bloß nicht idiotischerweise gesagt, daß wir uns hingelegt hatten. Völlig verwirrt rissen wir das Sprungfederbett hervor und versuchten, es mit einem Mal auf die Beine zu stellen. Aber es war ein anderes Modell, als ich es von früher kannte. Also fanden wir nicht so schnell heraus, wie es sich aufstellen ließ, und zogen gleichzeitig am selben Bettbein, jede in ihre Richtung. Dabei rief ich Frau Christoffersen verzweifelt zu, daß wir sofort soweit seien. Obwohl mir in der Hektik unklar war, was in aller Welt sie darunter verstehen mochte. Endlich stand das Bett in einer Ecke aufgebaut mit Bettzeug und allem, aber ohne Matratze, denn die hatten wir vergessen. Die lag unter meinem Bett. Hastig kroch jede unter ihre Bettdecke.

— Jetzt können Sie ruhig hereinkommen, rief ich aufmunternd.

Frau Christoffersen segelte herein und schlug die Hände zusammen.

— Nein, wie praktisch Sie sich eingerichtet haben, sagte

sie.

— Sieh mal an, ich habe es wirklich nie für möglich gehalten, daß da noch Platz für ein Extrabett in der Ecke
ist. Ich dachte, es sei notwendig, daß die beiden Betten
nebeneinanderstehen. Aber so ist es ja viel bequemer, da
braucht man nicht dazuliegen und sich gegenseitig anzu-
atmen. Also, alles was recht ist ...

Wir nickten und starrten sie an. Sie ihrerseits starrte
immer intensiver auf das Bett von Agnes. Dann hatte sie
die Frechheit, das Laken von ihrem Bett hochzuheben.

— Aber, meine Lieben, habt ihr denn keine Matratzen
bekommen? Wo habe ich die denn hingetan? Es gehört
ja wirklich eine Matratze zu dem Bett. Ich erinnere mich
doch ganz genau ... Also, alles was recht ist!

— Aber wir haben ja eine Matratze bekommen, haben
wir doch, nicht Agnes? sagte ich, als wäre die Bemerkung dazu geeignet, die Situation zu verbessern.

— Ja, aber ihr Lieben, brach Frau Christoffersen in
Wiedersehensfreude aus und zeigte unter mein Bett. —
Da ist sie ja!

— Ja, sagte Agnes. — Ich ziehe es vor, hart zu liegen.

— Ja, aber auf den Spiralen? Also, alles was recht ist!

Hier war es Agnes, die eine Geistesgegenwart bewies,
die ich ihr, ehrlich gesagt, nicht zugetraut hätte. Ich hielt
mich selbst längst für hoffnungslos intelligenter als sie.
Deswegen fühlte ich mich fast an der Nase herumge-
führt, als sie sagte:

— Sie müssen wissen, ich gehöre zu denen, die Tiefen-
meditation machen. Dazu gehört, daß man bestimmte
körperliche Prüfungen aushalten kann.

— Himmel, sind Sie Asketin?

— Nicht direkt ...

— Das ist komisch, sagte Frau Christoffersen und ließ sich nieder. — Weil Herr Christoffersen selbst ungeheuer mit Astrologie und Sterndeutung beschäftigt ist.

Bevor wir reagieren konnten, war sie bereits in einem langen Monolog mit uns.

Du wunderst dich vielleicht, warum sie überhaupt gekommen war. Das habe ich mich, ehrlich gesagt, auch gefragt. Wer weiß? Vielleicht vergaß sie, warum sie eigentlich gekommen war. Weil sie tatsächlich nicht damit herauskam. Oder war das, womit sie nicht herausrückte, nur ein Vorwand? Oder war Frau Christoffersen eigentlich lesbisch? Wer weiß?

Das ist eine der vielen Fragen, denen wir nie richtig auf den Grund kommen können.

STRANGERS IN THE NIGHT

Das Verhältnis zwischen Agnes und mir war eigentlich gut. Wir stritten uns nie.

Übrigens klappte es sexuell bei mir am besten mit Leuten, mit denen ich mich streite. Aber das ist ja so, weil ich ein bißchen pervers bin.

Zu dieser Zeit versuchte ich mich — noch fieberhafter als mit Gunnhild — in die ganze händchenhaltende Traumwelt der Verliebten einzulullen, die ich zehn Jahre lang versäumt hatte. Allerdings konnte es nicht der große Hier-kommen-wir-Triumph im Stadtbild werden — das liegt in der Natur der Sache —, aber wir fuhren hinaus ins Grüne und gingen Arm in Arm durch die Fichten. Es war herrlich, ihre Hand in meiner zu fühlen, ihre Hand in meiner, in dem großen Freilicht-Glück, Glück, Glück — und dann kam plötzlich ein Waldläufer, trockne Äste zertretend, über den Waldboden gelaufen, und die Hände verschwanden in den Jackentaschen, als wäre nichts geschehen, und alles war normal und nicht peinlich, und die Natur lag rein und unbesudelt da. Weil wir wirklich nicht das Sonntagsglück eines Waldläufers zerstören wollten. Das war eine Abmachung zwischen uns, die wir nie eingegangen waren. Das ist nur so etwas, das ziemlich naturbestimmt in der Luft liegt.

Einmal ging es trotzdem schief. Ein Mann in den Sechzigern mit Kniebundhose und Wandernase tauchte plötzlich auf einer Anhöhe auf. Da es nun einmal doch zu spät war, überquerten wir den Hügel Hand in Hand, als sei es das Natürlichste auf der Welt. Er blieb stehen und glotzte uns an, als hätte er gerade ein Waldtier entdeckt, das er längst für ausgestorben hielt. Dann sagte er laut, während er den Kopf schüttelte:

— Ja, der Krieg ist an viel Sonderbarem schuld!

Wir lebten übrigens recht hektisch. Wir fuhren zu allen Orten, an denen die Chance bestand, daß Leute dort waren. Das bedeutete, wir fuhren zu all den heimlichen Orten, an denen Homophile sich unerkannt treffen zu können glauben. Deshalb gingen wir jedesmal in den Klub, wenn dort etwas los war. Was dazu führte, daß ich zum Semesterende um eine Zulage zu meinem Darlehen bitten mußte. Die staatliche Darlehenskasse steht hier nichtsahnend den Studentinnen und ihren Liebhaberinnen zur Verfügung.

Agnes und ich hatten eigentlich nichts gemeinsam. Unser einziges gemeinsames Interesse war Bier. Also kultivierten wir das. Tatsache war meine Verblüffung darüber, daß ich eine erwischt hatte, die so schön war. Das mußte ich festhalten. Du weißt, ich habe immer die Schönheitsskala akzeptiert. Die davon ausgeht, daß du bitteschön jemand auf dem gleichen Schönheitsniveau zu finden hast, wo du selbst bist. Hast du Schuppen und einen Hängearsch, mußt du dir unbedingt eine birnenförmige Person mit Vollmondgesicht und Stupsnase suchen. Hast du strähnige Haare, hast du dir verdammt noch mal eine andere mit strähnigen Haaren zu suchen. Und findest du niemand, ist es deine Sache — ist ja auch nicht so ungewöhnlich, wenn du strähnige Haare hast. Ziehst du mit einer los, die Schschschammtuuu-Shampoo und Spannkraft im Haar hat, muß ich mich wirklich fragen, was in aller Welt sie in dir sieht. Genauso ist es auch in der lesbischen Welt. Kein Unterschied. Absolut kein Unterschied.

Deshalb hätte ich Agnes überhaupt nicht finden, geschweige denn behalten sollen. Denn sie befand sich beträchtliche Stufen über mir auf der Skala. Mit dem Resultat, daß ich mir für die Zeit, in der wir zusammen waren, einbildete, mindestens zwei Stufen schöner zu sein, als ich bin.

Im Klub war es für uns lustig. Ich konnte es absolut nicht vertragen, daß Agnes mit Mausi redete, und Miezi konnte es nicht aushalten, wenn Mausi mit Agnes sprach, und Agnes und Mausi waren verletzt, wenn Miezi mit mir tanzte, und alle vier gingen wir an Solveig vorüber, als wäre sie Luft, jede hatte eine, die für sie Luft war, und sie tanzten lustig an der Luft vorbei, die sie füreinander waren, und lachten, prosteten sich zu, riefen: — Schön war's gestern bei dir! und verschmolzen mit ihrer Auserwählten nach „Strangers in the night".

Ich wurde wahnsinnig eifersüchtig, als Agnes an einem Abend dennoch mit Solveig sprach, und rächte mich damit, daß ich mit Gunnhild eng tanzte. Aber als Solveig und Agnes zusammen tanzen wollten, kam Synnøve angelaufen und klebte Agnes eine. Solveig wurde Feuer und Flamme und drehte Synnøve den Arm so um, daß

sie aufjaulte. Die Männer liefen die Treppe rauf und runter und riefen: — Du lieber Gott, ist das eine Prügelei!
und kamen angeströmt, um zuzusehen, und stießen sich
gegenseitig an und sagten: — Ist das nicht entsetzlich?
Während Miezi und Mausi versuchten, die drei auseinan-
derzubringen. Später bekamen sie die Schuld für den
ganzen Zwischenfall.

In dieser Nacht verschwand Agnes mit Solveig. Diese
Frau hatte offensichtlich eine erotische Ausstrahlung,
gegen die ich absolut nicht ankommen konnte. Die ganze Nacht lag ich und lauschte nach Schritten auf der
Treppe; als es dann endlich hell zu werden begann, mußte ich einsehen, daß die Schlacht verloren war. Das
heißt, ich sah es überhaupt nicht ein, weil ich nicht verstehen konnte, wie Agnes so ohne weiteres von mir weg-
laufen konnte. Also ging ich dorthin, wo Solveig wohnte, und saß stundenlang an der Ecke, versteckt hinter einem Zaun, und wartete darauf, daß Agnes herauskäme.
Endlich hörte ich die Haustür gehen. Solveig kam heraus
— allein. Angstvolle Zick-Zack-Gedanken rasten mir
durch den Kopf. Würde sie in meine Richtung kommen?
Hatte sie mich vom Fenster aus gesehen? Zwei Sekunden lang ewige Qual — dann ging sie in die entgegengesetzte Richtung und verschwand um die Ecke.

Ich stürzte zum Haus. Ich betrachtete Agnes als eine
Art Gefangene, die ich befreien sollte. Ich war voller Erwartung. Ich fühlte, daß eine Ewigkeit vergangen war, seit
ich sie zuletzt gesehen hatte. Ich rannte die Treppen hinauf. Bald wäre sie da. Bald würde sie in meinen Armen
sein und sagen, daß sie Solveig nicht ertragen konnte

und nur mich liebte, nur mich, und ich würde sagen, daß ich sie nie, nie mehr losließe.

Ich klingelte an der Tür. Niemand kam. Ich klopfte. Nichts zu hören. Ich klingelte wieder. Nichts geschah. Ich rief: — Agnes, ich weiß, daß du da bist. Warum schließt du nicht auf?

Ich erschrak vor meiner eigenen Stimme. Keine Antwort. Je mehr mir klarwurde, daß niemand aufmachen würde, desto stärker stand Agnes vor mir als die Schönste, die ich je gekannt habe. Ich ging. Ich nahm die Straßenbahn nach Hause. Die Stadt war leer und sinnlos. Den Gedanken an mein Zimmer haßte ich mehr als je zuvor. Als ich oben ankam, steckte ein kleiner weißer Zettel im Türspalt. „Du Liebe! Ich liebe dich. Sei nicht böse auf mich. Komme heute abend vorbei. Agnes."

Ich liebe dich. Komme vorbei. Ich liebe dich. Komme vorbei. Eine kleine Stippvisitenliebe also.

Sie hielt Wort. Sie kam vorbei und liebte mich und ging. Auf diese Art hielt sie mich für mehrere Wochen paralysiert. Ich dachte nur noch daran, ob sie kommen würde oder nicht. Ich wagte beinahe nicht einmal das Zimmer zu verlassen, aus Furcht, sie könnte kommen, während ich weg war. Jedesmal ging ich mit der Hoffnung in den Klub, sie dort zu sehen. Einige Male kam sie, dann wieder nicht. Manchmal sprach sie mit mir, dann tanzte sie wieder die ganze Zeit eng mit Solveig. Agnes war das Spannendste, das ich in meinem ganzen Leben erlebt hatte.

Eines Tages fragte Frau Christoffersen plötzlich:

— Was ist mit Fräulein Svane? Wohnt sie nicht mehr hier?

Nein, Frau Christoffersen, Fräulein Svane hat mich verlassen. Verstehen Sie? Sie ist jetzt mit einer anderen Frau zusammen, Frau Christoffersen. Sie hat mich an der Leine, verstehen Sie? Traurig? Ja, das kann man wohl sagen. Aber so ist es eben auch in unserer Welt. Kein Unterschied. Absolut kein Unterschied.

— Nein. Sie hat jetzt selbst etwas gefunden.

— Was Sie nicht sagen! Ich hoffe, sie hat es gut getroffen?

— Ja, sehr gut ...

— Hat sie vielleicht sogar eine Wohnung?

— Ja, sie ist in eine eigene Wohnung umgezogen.

— Das ist ja wunderbar, mitten in der Wohnungsnot. Also, alles was recht ist ...

— Ja, das ist wirklich wunderbar ...

Als ich dann Frau Christoffersen endlich die Wahrheit erzählt hatte und die Miete folglich um 50 Kronen reduziert wurde, kam Agnes zurück. Sie wirkte erschöpft und mitgenommen, aber ich war glücklich. Die ganze Zeit hatte ich damit gerechnet, daß sie ja eigentlich doch mich haben wollte.

Solveig hätte sie fallen lassen, erzählte sie.

Nun mußt du bloß nicht denken, daß all diese Schwierigkeiten Agnes und mich vom Klub verscheuchten. Ganz im Gegenteil. Solche Ereignisse wirkten nur wie eine Attraktion. Was kommt jetzt? In jedem Fall waren wir, Agnes und ich, in einer Phase, in der so etwas gerade anspornend wirkte. Solveig, Miezi und Mausi, Gunnhild, Synnøve und all die anderen, die an unserem Drama mehr oder weniger Teil hatten, waren auch zu dieser

Zeit in solchen Phasen. Deswegen trafen wir in der Regel jedesmal dieselben Menschen und Cliquen.

Eines Mittwoch abends traf das große Unerwartete, aber möglicherweise Unumgängliche ein. Gunnhild und Solveig hatten den großen Auftritt — eine Stunde später als gewöhnlich —, Hand in Hand in offensichtlich beiderseitiger Verliebtheit. Ja, nun denkst du vielleicht nicht, daß ich das besonders ernst nahm, als sich mir dieser Anblick bot. Aber das tat ich.

Ich wurde eifersüchtig. Das soll nicht verheimlicht werden. Zwar hatte ich Gunnhild während der ganzen Agnes-Jagd vollkommen übersehen, aber es war das erste Mal, daß sie sich mit anderen einließ. Jedenfalls während ich zusah. Ich stellte nun fest, daß ich sie bis zu diesem schicksalsschweren Augenblick unbewußt als eine Art Eigentum betrachtet hatte. Trotz der Kalamitäten war sie dagewesen, irgendwie als sei da etwas Gemeinsames, das nur uns gehörte. Ich hatte mir auch die ganze Zeit mit dem Gedanken geschmeichelt, daß ich sie ohne Zweifel zurückbekommen könnte, wenn es mir paßte. Folglich stellten sich Agnes und ich auf die große Luftnummer ein. „Strangers in the night" dröhnte aus den Lautsprechern. Dabei kannst du die Ehemaligen so herrlich übersehen und mit den Jetzigen verschmelzen. „Love was just a glance away, a warm embracing dance away — jubi-dubi-du-o-jubi-dubi ..." — aber denk dir, da kamen Gunnhild und Solveig an unseren Tisch herüber und sagten, es sei albern, wenn wir uns die ganze Zeit übersehen würden.

Ja. In solcher Lage fühlst du dich nicht gerade als Dame

der Situation. Das war der erste offensichtliche Versuch um kameradschaftlichen Kontakt, den ich in unserer Kontaktorganisation erlebt hatte. Da saßen wir also in der Falle.

Sie planten eine Party, sagten sie. Die sollte bei Miezi und Mausi stattfinden, weil — ha, ha — die Zeit vielleicht noch nicht reif war, es bei Phantom selbst zu machen. Eine Riesenfete. Jetzt am Samstag. Es wollten auch eine Menge dänischer Frauen mit der dänischen Fähre kommen. Lone und Jette und diese Gruppe. Falls wir die kennen. Doch. Das tat Agnes. Das wird sicher lustig.

Wie du dir denken kannst, versäumten wir deswegen, uns mit Frank Sinatras Sexualbariton in unsere Traumwelt einzulullen. Ja, danke, lächelten wir. Tausend Dank für die Einladung, sagten wir. Und starrten ihnen eifersüchtig nach, wie sie sich die erste Strophe hindurch aneinander rieben — und sich lange und innig genau an der Stelle küßten, wo die Tonart wechselte — „Ever since that night, we've been together, LOVERS at first sight, in love for ever. IT TURNED OUT SO RIGHT FOR STRANGERS IN THE NIGHT."

UND LASS UNS WIE SCHWESTERN ZUSAMMEN WOHNEN

Hast du schon mal irgendwann einer lesbischen Orgie beigewohnt? Nein? Aha. Erste Voraussetzung, um bei einer lesbischen Orgie anwesend zu sein, ist die, lesbisch zu sein. Und das bist du ja wohl nicht. So wenige sind es. Nenne fünf! Nein? Aber kennst du nicht einmal hundert Menschen?

Shakespeare war auch nicht lesbisch. Ansonsten gehen ja wunderliche Geschichten über ihn um. Aber lesbisch. Nein. Das war er nicht. Elisabeth die Erste dagegen hatte einen starken Hang zum Lesbischen. Jedenfalls zerbrechen sich die Forscher eifrig die Köpfe darüber, ob es nicht bei ihr so gewesen sein könnte. Zum Beispiel war sie unverheiratet. Und das ist ja etwas, das man nach genauen Feldstudien oft als besonders verdächtig empfunden hat. Speziell, wenn das bei Frauen vorkommt. Geschweige denn bei Königinnen, die ein Männerkind haben mußten.

Aber im großen und ganzen gesehen braucht man sich nicht darum zu kümmern, in dieser Hinsicht das Feld zu studieren. Warum sollte man auch? Man könnte ja riskie-

---

* Verändertes Zitat aus der geistlichen Hymne: Gud signe vårt dyre fedreland", an Bedeutung der Nationalhymne ähnlich. Dort heißt es: „Und laßt uns wie Brüder zusammen wohnen". (Anm. d. Ü.)

ren, den Mythos von der Mann-und-Herrscher-Unentbehrlichkeit zu zerschlagen. Und es ist gefährlich, sehr gefährlich, dem Mythos eines Herrschers über sich selbst ein Ende zu machen. Er riskiert, gleichgestellt zu werden.

Zurück zur Orgie, du wartest sicher gespannt darauf, etwas darüber zu hören. Ja, ich sage das nicht nur so. Glaubst du, daß man den Mythos von der verbotenen Frucht nur erfand, um eine gute Lügengeschichte zu haben? Nein. Es ist die Heimlichkeit, weißt du. Die Heimlichkeit der Heimlichkeit. Weil es eben heimlich ist. Aber in dem mystischen Zyklus der Umgebung von der Heimlichkeit der Heimlichkeit liegt auch ihre Verlockung: Es ist heimlich, weil es verboten ist. Es ist verboten, weil es abstoßend ist. Es ist abstoßend, weil es nicht üblich ist. Es ist nicht üblich, weil es heimlich ist.

Deshalb führen Feldstudien in der Regel zu nichts. Man bekommt überhaupt nichts zu sehen, geht man da durchs Feld. Weil die donnernde Stimme im Garten noch aussteht:

— Eva, wo bist du?

Das kann auch ziemlich gleichgültig sein. Wo *sie* war. Sie ist außerdem bei ihm. Das weiß man ja. Deswegen wird sie nicht gefragt.

Wenn sie nun ... ja, ich stelle das nur als Hypothese auf, nur als Hypothese ... nicht bei ihm wäre? Ja, dann ist sie einfach weg.

Ich habe es satt, weg zu sein.

Nun zur Orgie. Hörst du das Brausen?

Erste Eintrittskarte: künstlicher Penis ist mitzubringen.

Ja, hier taucht er wieder auf. Aber wir müssen ihn dabei-
haben. Sein natürliches Modell hat ja in unserer Zivilisa-
tion dominiert, seit Freuds Geist auf dem Wasser schweb-
te. Wir nehmen ihn mit.

Dort angekommen, legen wir uns aufeinander. Allesamt. Zu einem Stapel. Und dann fangen wir an. Ja, für
so was braucht man eine Umschreibung. Du weißt, was
ich meine. *Das.*

Abstoßend, sagst du? Aber meine Liebe, was hast du
dir vorgestellt, woraus eine lesbische Orgie sonst beste-
hen sollte? Rosinenbrötchen mit Milch bei Oma Duck?

Wahrlich, wahrlich, ich sage dir, du sollst nie erfahren,
was eine lesbische Orgie ist.

Und auch der Journalist soll es nicht, der vor einiger
Zeit eine Meldung aus Süd-Afrika schrieb. Große homosexuelle Orgie in Johannisburg, stand da (Wußten wir
doch, daß die Weißen da unten ziemlich dekadent sind!),
war Gegenstand einer Polizeirazzia gewesen. „Man fand
auch zwei Damen in der Gesellschaft. Die Polizei konnte nicht feststellen, was die beiden Damen in der Gesellschaft zu tun hatten ...“

Wie gesagt, sollte die große Verbrüderung stattfinden.
Welches Wort soll ich sonst benutzen? Verschwesterung.
Das klingt so albern. Als ob Frauen sich verschwestern
könnten. „Und laß uns wie Schwestern zusammen wohnen, wie es sich für Christen geziemt.“ Ich finde unseren
Nationalpsalm so schön. Das meine ich auch so. Ich habe ihn immer mit Tränen in den Augen und einem Kloß
im Hals gesungen. Du sollst nur nicht denken, daß ich
nicht im Grunde genommen ein süßes, kleines norwegi-

sches Mädchen mit Schleife im Haar und Fähnchen in der Hand bin. Auch die Lesbierinnen marschieren mit beim Umzug am 17. Mai.

Möglicherweise gehört sich das nicht, aber sie machen es eben. Solange man es nicht weiß, gehört es sich durchaus. Solange man da steht und seiner hoffnungsvollen Kleinen zuwinkt, wenn sie mit Hipp-hei-hurra vorbeigeht, und man nicht weiß, daß sie lesbisch ist, ist das ebenso anständig wie die Verfassung.

Inzwischen ist man außerdem ziemlich weit gekommen. Heute, wo Männer lange Haare haben, Nixon verfluchen und Hasch rauchen, ist das ganz und gar nicht mehr so. Vor langer, langer Zeit war es einmal so, als Mykle* auf der Anklagebank saß. Guten Tag. Darf ich mich vorstellen? Ich bin eine Norwegerin, die im Schatten des Mykle-Prozesses durch die Pubertät gekommen ist. Selbstverständlich weiß ich, daß ich hoffnungslos unmodern bin. Man wird heutzutage außerdem viel schneller unmodern, da der Fortschritt soviel schneller voranschreitet als zuvor. Heute darf man ruhig etwas homosexuell sein. Das ist wirklich eine Privatsache. Sei man nur homosexuell, mein Junge.

Solange du dich nicht so aufführst, als wärst du es. Weil es ja doch nur eine Privatsache ist.

Zurück zu unserer kleinen Privatangelegenheit — dem großen Samstagfest. Lassen wir das eine Privatsache bleiben. Ich weigere mich, jegliche Art von Bericht über un-

---

* Mykle gehörte in den 50er Jahren zu den Schriftstellern, die wegen angeblich pornographischer Elemente in der Literatur angeklagt wurden. (Anm. d. Ü.)

ser Samstagfest zu geben.

Heute, liebe Freunde, will ich lieber zu der Bedeutung des fehlenden Berichts kommen. Das ist es praktisch ja, was ich die ganze Zeit sagen wollte.

Hier ist sie:

EVA, WO BIST DU?

DIE LÜGE VON DER EINSAMKEIT

Wir sind jetzt übrigens mitten in der Tragödie. Die Abteilung Romanze ist längst geschlossen. Es kann dir auch kaum entgangen sein, daß wir jetzt mit beiden Beinen in der Tragödie stehen. Das ist es nun mal, was zu allen Berichten über Homophilie dazugehört.

Die Sache war die, daß Agnes und ich nicht dazu kommen sollten, an dem großen Samstagfest teilzunehmen. Als ich Freitagnachmittag nach Hause kam, fand ich Agnes bewußtlos auf dem Bett liegen. Einige leere Flaschen Mogadon, Valium und Stesolid verrieten die Ursache.

Ich telefonierte, sie wurde ins Krankenhaus gebracht und ihr Magen ausgepumpt. Sie überlebte. Ich dachte eine Zeitlang darüber nach, welches Recht ich hatte, sie überleben zu lassen. Mit einem großen Blumenstrauß in allen möglichen Farben kam ich zu ihr. Eine Krankenschwester zeigte mir die Tür. Ich fühlte mich noch unglücklicher verliebt in Agnes als zuvor — wegen der veränderten, feierlichen Umstände. Ich öffnete vorsichtig die Tür zum Krankenzimmer.

Drinnen saß Solveig und hielt Agnes' Hände. Auf dem Nachttisch standen neun tiefrote Rosen.

Mein erster Impuls war, den eigenen, elenden Blumenstrauß Solveig an den Kopf zu hauen. Aber ich beherrschte mich. Sie stand auf, sah mich von oben bis unten an und steckte die Hände in die Gesäßtaschen.

— Reg dich nicht auf. Ich gehe jetzt, sagte sie. Sie küßte Agnes, und ich blickte weg. Als sie in der Tür stand, sagte sie:

— Versuch mal, besser auf sie aufzupassen als bisher.

Als Solveig gegangen war, lächelte mich Agnes blaß an. Sie wirkte weit entfernt. In der Krankenhauskleidung war sie noch anziehender. Aber ich wußte, daß es für mich nicht mehr weiterging.

Sie erzählte, daß sie ein Gespräch mit einem Psychiater gehabt hatte.

— Das war übrigens der gleiche Psychiater, zu dem Solveig und ich damals gegangen sind, sagte sie, als hätte sie mir davon schon früher erzählt. Ich nickte. Sie kam mir merkwürdig mitteilsam vor. Die Verachtung in ihrer Stimme, wenn sie von Solveig sprach, freute mich.

— Solveig war so überschwenglich zufrieden danach, weil er uns wie ein Ehepaar behandelt hatte. „Denk mal", sagte sie hinterher, „es war genauso, als hätten wir ein gewöhnliches Liebesverhältnis gehabt." Es war zum Heulen. Kurz bevor wir zu ihm gingen, hatten wir einen unserer größten Zusammenstöße gehabt, so daß ich mit blauem Auge zu ihm kam. Aber das war irgendwie nicht so wichtig. Solange wir uns lieb hatten, machte es nicht soviel aus, daß sie ab und zu ein bißchen schlug. Und Solveig stellte mich als ein verdammtes Flittchen dar. Er fragte dann, warum ich nicht zur Ruhe kommen könnte. Und warum ich die ganze Zeit derart von der einen zu der anderen wechseln müßte. Herrgott, das sollte er ja herausfinden. Hätte ich den Durchblick gehabt, hätte ich doch nicht zu ihm rennen müssen.

Sie sah mich flehend an. Ich fühlte mich bitter und betrogen. Auch in dieser Stunde drehten sich ihre Gedanken nicht um mich. Solveig, Solveig, Solveig. Sie war überhaupt nicht zu bremsen.

— Er fragte mich in solch einer Art und Weise, als sei er ganz sicher, daß es immer genug überspannte Leute wie mich gäbe, so daß er nicht arbeitslos werden würde. Er sagte, wir sollten es noch ein bißchen probieren und sehen, wie es weiterginge. Das ist doch eine seltsame Form von Toleranz zu Homophilen, findest du nicht? Eine elende Ehe zu empfehlen. An so etwas würde ich kaputtgehen. Und jetzt, als er einsehen mußte, daß er sich geirrt hatte, weißt du, was er mich jetzt fragte? Paß auf. Ob ich mit Männern einen Orgasmus bekäme. Ob ich mit Frauen einen Orgasmus hätte, wie lange es her sei, daß ich es mit Männern versucht hatte, und ob ich Abscheu vor dem männlichen Geschlechtsteil hätte.

Sie sah mich resigniert an. Ich nahm ihre Hände.

— Er wagte nicht einzugestehen, daß er uns bei einer Trennung hätte helfen sollen. Also fing er an, *davon* zu sprechen.

Jetzt kam das, was ich befürchtet hatte. Sie wollte nach Hause fahren. Heim zu ihrem Vater am Flekkefjord. Er wußte nicht, daß sie homophil war. Sie glaubte auch nicht, daß sie es ihm erzählen würde. Er hatte nur sie. Er wünschte sich so sehr einen Enkel. Sie könnte in sein Geschäft einsteigen. Vielleicht traf sie dann den einen oder anderen Mann, der in Frage kam. Sie wußte nicht. Sie wollte nur weg.

Noch einmal Quell der Einsamkeit, dachte ich. Stephen läßt ihre Frau zu einem Mann gehen. Eine wahnwitzige Lösung für eine wahnwitzige Situation.

Sie blieb einige Tage im Krankenhaus. Ich versicherte denen, daß sie einen Platz hatte, wo sie zu Hause war. Die sahen mich an, als hätte ich ein Mann zu sein. Das sollte ich ja wohl auch. Ich empfand es sogar selbst, als ich das sagte. Immer aufs neue erstaunt es mich, wie Männer mir ein Schamgefühl einflößen können darüber, daß ich kein Mann bin.

Was hatte ich bei der ganzen Sache dabeizusein — ihre Angehörige zu sein? Sogar ihre nächste Angehörige. Homophile sind keine Angehörigen.

Jedenfalls kam sie heim und blieb einige Tage, bevor sie wieder wegfuhr.

Ich begleitete sie zum Westbahnhof. Sie sagte, ich solle es nicht, aber ich tat es. Wir küßten uns auf dem Bahnsteig, und die Leute taten entweder so, als sähen sie uns nicht, oder glotzten uns offenkundig an. Eine junge Frau und ein Mann gleich neben uns unterbrachen ihren Abschiedskuß mittendrin.

Danach ging ich am Kai entlang zum Hafen, in Richtung auf die in Flutlicht getauchte Akershus-Festung — und es war unangenehm, das zu sehen —, den schönsten Teil Oslos. Frauen gehen hier nicht abends langsam allein entlang.

Ich sah plötzlich klar, was in der Zeit geschehen war, in der ich mit Gunnhild und Agnes zusammen war. Ich kannte nicht einen Menschen.

Ich kannte eine geistlose Gruppe im Klub, zu der ich selbst gehörte. Ich war sicher ebenso geistlos für die. Ich hatte mir eingebildet, aus der Isolation ausgebrochen zu sein. Aber ich war in die Isolation eingebrochen. In ihr Allerheiligstes.

Das war ein Ring — nein, eine Mauer. Um uns. Nicht nur um mich. Wie vorher. Aber um uns. Und das bedeutet genau dasselbe. Weil wir nicht herauskamen. Wir konnten nicht durch die Mauer brechen. Nicht gemeinsam. Nicht einmal, wenn wir zusammen waren.

Das verstand ich nicht. Zu Beginn meinte ich, es sei ein Erlebnis, in den Klub zu kommen, weil ich etwas sehen durfte, das mir zuvor verweigert wurde. Wie viele Frauen lieben sich in einem Film? In einem Roman? In einem Comic? Wie viele halten sich die Hände? Küssen sich? Sehen sich — so — an?

Und wie viele tun das in Wirklichkeit?

Und wie viele täten es wirklich, wenn sie sehen oder lesen könnten, daß es geht? Daß es möglich ist?

Du weißt ja, das einzige, was ich hören, lesen, im Film sehen durfte, war die Liebe zwischen Mann und Frau. Ich weiß nicht, wie es bei dir ist. Bei mir ist es jedenfalls so. Nichts auf der Welt ist so erhaben, wie die Liebe zwischen Mann und Frau. Hast du davon gehört? Wenn ja, weißt du sicherlich, daß sie sehr erhaben ist.

Männer küssen Frauen, Frauen lassen sich von Männern küssen, Männer lieben Frauen, und der große, schöne Höhepunkt in dem starken Gefühl zwischen Mann und Frau ist der Beischlaf zwischen Mann und Frau. Die Erfüllung.

Weißt du was? Manchmal frage ich mich, ob Männer sich das mit der Liebe zwischen Mann und Frau einfach nur ausgedacht haben. Das existiert überhaupt nicht. Das existiert nur dort, im Film mit Gregory Peck in der Hauptrolle. Und in Zehntausenden von Romanen.

Das ist nur etwas, das Männer sich erdacht haben, weil es ihnen so paßt, weil sie so die Rechtfertigung und Weihe für ihren enormen Drang bekamen, den Schwanz zu benutzen. So wurde das alles etwas erhaben — anstatt etwas komisch und unwürdig, etwas, über das man nicht so richtig sprechen kann, ohne unter uns Mannsleuten brutal zu lachen. Schön.

Nein, nein — reg dich nicht auf. Das war nur eine Hypothese. Wir radieren sie sofort wieder aus. Ja, ich lasse sie augenblicklich fallen, wenn du so reagierst und behauptest, ich sei verrückt und überspannt und gehässig und neidisch. Ja. Selbstverständlich bin ich das. Was natürlich bedeutet, daß all meine Hypothesen völlig unhaltbarer Quatsch sind. Ich bitte sehr um Entschuldigung.

Du verstehst, ich dachte nur ... ich meine ... Laß uns mal ein kleines Experiment machen. Ich erzähle dir etwas. Hier ist es: Ich liebe Frauen. Und du, die du unzählige Male von Liebe zwischen Frau und Frau gehört hast, weil du davon in großen Romanen des Mittelalters, in modernen Romanen, romantischen Romanen, Südstaatenromanen, Comics gelesen hast und sie — mit Marylin Monroe in der Hauptrolle — dargestellt sahst, sagst zu mir: Das ist wunderbar. Nichts ist so erhaben, wie eine Liebe zwischen Frau und Frau. Der Höhepunkt. Die Erfüllung des Lebens. Sagst du. Das tust du ja wohl? Oder etwa nicht? Was solltest du sonst sagen? Weil es dir ja wohl nie einfallen würde zu sagen:

— Bist du sicher, daß es nicht etwas ist, das du dir einbildest?

Na ja. Ich stand also dort bei Vippetangen und starrte in die unbesungene Kloake des Oslofjordes. Und wußte, daß das Beste in mir besudelt wurde, weil es unbesungen war. Das konnte ebensogut Einbildung sein. Das konnte ebensogut nicht existiert haben.

Und es hatte nicht geholfen, daß ich mit einigen hundert anderen in Kontakt gekommen war, die wußten, daß es eine Lüge war. Weil sie nichts sagten. Sie kamen nicht raus damit. Sie wagten nicht, sich außerhalb der Mauer zu sammeln.

Das war ja auch noch zu der Zeit, als das Bewußtsein der Homophilen von der Debatte zwischen Jan Greve und Finn Grodal im „Dagblad" belastet war — obwohl die einige Jahre vorher stattgefunden hatte. Jan Grove hatte behauptet, Finn Grodals Anonymität sei der beste Beweis dafür, daß Homosexualität etwas Krankhaftes ist.

Dieser Streit fand während meiner schlimmsten heterophilen Krämpfe statt; ich schrieb einen Artikel, der hieß „Über Homosexualität. Eine Anfrage an die Wissenschaftler." Mit vollem Namen. Ich bildete mir ja ein, daß ich nichts verbrochen hatte. Demütig fragte ich, ob nicht die vielen Neurosen bei den Homophilen durch gesellschaftlichen Druck entstanden sein könnten.

Jaja. Das war nur eine dumme Einlage, geschrieben von einem norwegischen Mädchen, das dachte, es gäbe Wissenschaftler auf diesem Gebiet. Natürlich bekam ich keine Antwort.

In der letzten Zeit war übrigens ein wirklicher Forscher für dieses Gebiet aufgetaucht. Ein Psychologe, der in einigen, sonst köstlichen Frühlingsmonaten die Presse und unseren Verband mit seinen Theorien terrorisierte. Er war acht Jahre in den USA gewesen, wo er Homophile mit Erfolg geheilt hatte. Selbstverständlich nur Männer. Es ist irgendwie nicht so wichtig, daß Frauen wieder ins Lot kommen.

Denk nur, es war ihm geglückt, einige Personen von ihrer Liebe zu anderen Menschen zu heilen! Das dauerte allerdings eine lange Zeit. Acht Jahre seines Lebens hatte er sich seiner Aufgabe gewidmet. Aber nicht vergeblich. Jedenfalls war es ihm gelungen, die Liebe der Homophilen zu den Psychologen zu heilen.

Er hatte es geschafft, uns in Schach zu halten. Innerhalb der Mauer, wo wir versuchen konnten, seine Lügen über uns zu schlucken! Die Lüge der Einsamkeit: daß nämlich wir krank sind und nicht die Gesellschaft, in der Menschen wie er ganz frei ihre perversen Theorien praktizieren dürfen.

Ich werde dir erzählen, wovon dieser Mensch Menschen wie mich zu heilen wünschte:

Als ich dreizehn Jahre alt war, wechselte ich zur Realschule und kam in eine neue Klasse. Ich war etwas geniert und peinlich berührt, weil ich von den anderen fast niemand kannte und nicht wußte, ob es anging, mit solchen zu sprechen, die auf eine andere Volksschule gegangen waren als ich. Die Kinder aus einem anderen Stadtteil hatten ja die Eigenschaft, etwas dumm zu sein.

Eine meiner Klassenkameradinnen, mit der ich auch nicht gesprochen hatte, fiel mir auf. Unter anderem kam sie aus einer ausgesprochen dummen Schule und sprach etwas breit — was ja auch ein bißchen dumm ist. Ich konnte überhaupt nicht begreifen, welches Recht jenes Wesen hatte, diese Erde zu betreten — und jedesmal, wenn es dennoch geschah, irritierte es mich. Die Art, wie sie ging, irritierte mich. An all das dachte ich sehr viel. Es beschäftigte mich unaufhörlich, und ich dachte an keine anderen Klassenkameraden. Die gingen mich nicht soviel an. So begannen wir dann, uns in den Stunden kleine Zettelchen zu schreiben. Und es zeigte sich, daß wir beide all die ernsten Dinge, die in der Schule vorgingen und die wir unternahmen, ziemlich albern fanden.

Ich weiß überhaupt nicht, was es war. Aber eines Tages ging ich direkt hinter dieser Klassenkameradin in das Klassenzimmer — es kam noch eine Mathematikstunde, und es war Montag. Ich weiß nicht, was es eigentlich war, doch plötzlich veränderte sich ihre ganze Erscheinung. Ich sah sie nur von hinten, aber da war noch soviel um sie herum. Die Erscheinung war nicht mehr nur sie selbst, alles drum herum auch — und es kribbelte unter meiner Kopfhaut und in meinen Handflächen. Ich starrte zu Boden und wagte nicht noch mehr zu sehen, weil ich wußte, was das war; noch nie zuvor hatte ich das erlebt — nicht auf diese Art und Weise. Ich liebe dich.

Wie komisch, dachte ich oft, daß unsere Kultur, die vorschreibt, daß Mädchen süß und anziehend zu sein und blendend auszusehen haben, so perplex sein soll, wenn ein Mädchen dann ein Mädchen liebt.

Ich hielt sie an der Hand und alles, was ich war, lebte in diesem Griff. Von dem Tag an fand ich ihre Art zu gehen, die Schule, von der sie kam, den Stadtteil, in dem sie wohnte, alle Bücher, die sie gelesen hatte und alles, was sie hatte oder gehabt hatte, wunderbar. Der Sternenhimmel öffnete sich, während ich den Hügel hinunterradelte. Das war die Ewigkeit, und ich war in ihr.

Ach ja, eine kleine Seele auf der Erde in Ratlosigkeit über die eigene Berechtigung und über Gottes Existenz, voll von Sehnsucht und Komplexen und Worten, die nie gefallen waren. Selbstverständlich bin ich mir darüber klar, daß dies ganz anders als das war, was alle anderen Menschen mit dreizehn Jahren fühlen.

Weil ich zu denen gehöre, die anders fühlen.

Übrigens kann ich seinen Blick auf mir spüren. Der da mit der Theorie, der immer so beschäftigt damit war, mich zu interpretieren. Er ist immer anwesend. Er sagt: Es ist nicht ungewöhnlich — nein, es ist sogar höchst üblich —, daß Mädchen mit dreizehn oder vierzehn Jahren sich ineinander verlieben.

Weil nun einmal Mädchen von dreizehn oder vierzehn Jahren nicht schamhaft genug sind, das zu verstecken, muß er augenblicklich eine Theorie finden, um das Phänomen zuzudecken. Sonst ist es peinlich. Was sollen denn all die Händchenhaltereien und das Geschmuse zwischen Mädchen sonst bedeuten?

Aber später, später, liebe Freunde, reifen sie zum vollen

Verständnis und zur Offenheit für des *Mannes Herrlichkeit* heran. Es verlangt ja eine gewisse Reife und Einsicht, das zu begreifen. Das brauche ich sicher nicht näher zu erklären. Aber, wie gesagt, in einem mehr unreifen, ja, noch etwas kindlich-unschuldigen Stadium, können Mädchen dazu kommen, Mädchen vorzuziehen. Das überwinden sie. Reg dich nur nicht auf.

DAS ÜBERWINDEN SIE! UND WENN SIE ES NICHT ÜBERWINDEN, SO WERDEN WIR SCHON DAFÜR SORGEN, DASS ES MINDESTENS ZEHN JAHRE DAUERT, BIS SIE ES WAGEN, ETWAS DAMIT ANZUFANGEN.

Dafür werden wir schon sorgen. Weiter zum nächsten Thema — Exhibitionisten, Voyeure, Pyromanen, Nekrophile ... Es liegt in der Beschreibung selbst, ja, in der Definition von diesen Gruppen, daß weder ich noch ihr, meine Zuhörer, zu einer von denen gehört.

VERSUCH'S DOCH MAL MIT MEINEM SCHWANZ

(Ein normales Intermezzo)

Wo bin ich? Ja, auf dem Rathausplatz. Eine kleine Idiotin auf dem Rathausplatz, die sich stillschweigend bieten ließ, daß man sie anlog.

Ich wünsche auch keinen Hehl daraus zu machen, daß ich ein intelligenter Mensch bin und nur das, was ich so mache, dumm ist. Aber denken tu ich klug.

Als ich da so stand an diesem Abend, dachte ich zum Beispiel klug darüber nach, daß ich mir nichts mehr bieten lassen will. Das heißt, die künstliche Isolation. Ich wollte mir nicht gefallen lassen, daß Leute nichts „von mir wußten", wie es so schön heißt. „He, du. Ich bin homo! Hier bin ich!" Ich wollte ausbrechen. Auch wenn ich das allein machen müßte. Hervortreten, wie es so schön heißt. Da ich mir nun einmal über mich selbst klar wurde — wie wir so unter uns sagen, die wir uns über uns im klaren sind —, sollten jetzt auch, bitte schön, andere erkennen, daß ich so bin. Hallo, ich lege los. Machst du mit? Um es ganz klar auszusprechen, daß es nicht mißverstanden wird: Ich habe gewisse Tendenzen. Oder noch deutlicher: Ich gehöre zu der Familie. Oder um es direkt zu sagen: Ich bin eine von denen.

Jetzt sollte Schluß damit sein. Ich ging entschlossen

die Roald Amundsensgate in Richtung U-Bahn. Ich bemerkte, daß ein Mann mir folgte. Ich reagierte sofort. Aber nicht, indem ich schneller ging, wie es das einzig Passende ist, das eine Dame in solchen Situationen tun kann. Nein, du. Ich drehte mich plötzlich um.

Es war ein junger Mann mit Herrenmantel und Krawatte — ein paar Jahre älter als ich vielleicht. Er sah etwas verblüfft aus, lächelte aber dennoch aufmunternd.

— Wollen wir ein Gläschen zusammen trinken? fragte er.

— Tut mir leid. Ich bin überhaupt nicht an Männern interessiert. Ich bin nämlich lesbisch, sagte ich.

Sobald die Worte ausgesprochen waren, schwand mir der Mut. Das hörte sich fast wie ein Witz an, und ich war im Begriff, die Rolle des höchst munteren Spaßvogels zu spielen.

— Wwwwas?

Es war noch nicht zu spät. Noch konnte ich es schaffen, die Rolle zu spielen.

— Lesbisch. Das bedeutet, ich bin an Frauen interessiert, nicht an Männern.

— Oh ...

Ich ging weiter. Er kam schnell hinterher und berührte mich am Arm. Wieder blieb ich abrupt stehen.

— Haben Sie nicht gehört, was ich gesagt habe?

— Doch, aber Bier mögen Sie doch, oder?

— Ja, ich liebe Bier, und ich trinke jeden Tag Bier.

— Ja, aber dann können Sie ja wohl eins mit mir trinken?

— Das kann ich, wenn Sie einsehen, daß es nicht bedeutet, daß ich daran denke, mit Ihnen zu schlafen.

— Was soll denn das?

— Warum soll ich das denn nicht sagen?

— Kommen Sie, dann können wir ein bißchen reden. Nur so klönen. Seien Sie doch ein bißchen freundlicher.

Wir gingen rauf zum Kaba-Restaurant. Ich bestellte eine Halbe und noch eine. Er wollte das absolut bezahlen, und in dieser Beziehung stand er in heimlicher Verbindung mit dem Kellner. Aber ich schaffte es, mein Geld loszuwerden.

Ich war ziemlich betrunken. Ich erzählte, daß ich meine Freundin zum Zug gebracht hatte und deswegen deprimiert sei. Er sagte, daß er Jura studiere und damit rechne, im Herbst fertig zu sein, und daß sein Mädchen ihn heute sitzengelassen hatte. Er hätte sie vor dem Regenbogen-Restaurant treffen sollen, doch sie kam nicht. Er fragte, was für Männern ich bisher ausgesetzt war, daß ich nun Frauen bevorzuge. Ich fragte ihn das gleiche.

— Ja, aber das ist ja wohl nicht das gleiche, sagte er.

— Warum denn nicht?

— Ja, aber, ja aber — sagte er. Es war seine Art zu sagen: „Aber ich bin doch ein Mann." „Ich bin doch ein Mann", ist immer ein gutes Argument.

— Du wärst der erste, der versteht, warum ich Frauen mag, während du hier sitzt und mit mir flirtest. Ich bin eifersüchtig auf dich, sage ich dir.

— Eifersüchtig?

— Ja, weil du so glücklich bist, jetzt mit einer Frau zusammen zu sein. Das ist faktisch ein wesentlicher Grund, warum ich es nicht ertragen kann, mit einem Mann ins Bett zu gehen. Eine Sache ist, daß es mir gleichgültig ist. Aber unerträglich ist, daß ich ihn beneide, weil er eine Frau in den Armen hält.

Er lächelte schief. Eigentlich war er süß anzusehen. Das war das Schlimmste. Denn so konnte ich es nicht lassen, ein wenig nett zu sein. Meine Freundlichkeit wird von Männern immer mißverstanden, ungeachtet dessen, was ich sonst sage. Ich weiß nicht, was da mit mir los ist.

— Weißt du was? sagte er und streckte seine Hände über die weiße Tischdecke. — Du bist süß. Du gehörst zu denen, die immer süßer werden, je näher man sie betrachtet.

Genau, das war's. Die gleiche Initiative, ungeachtet dessen, was du sagst.

— Aber dazu gibt es wohl keine Gelegenheit mehr. Sagte ich.

Allein eine solche Replik kann ja als pure Aufforderung aufgefaßt werden. Das Spiel war in vollem Gang. Nach unerschütterlichen, stillschweigenden Regeln.

— Mein Gott, warum mußt du so sachlich sein? fragte er.

— Warum mußt du so unsachlich sein?

— Weißt du was? Ich liebe Frauen, die etwas im Kopf haben. Weißt du, diese Jeanette, die ich heute abend treffen sollte ... es ist nicht möglich, mit ihr über etwas zu reden. Also über etwas Vernünftiges. Kommst du mit zu mir?

— Aber ich habe doch gesagt, daß ...

— Ja, ja. Das habe ich gehört. Ich verspreche es.

Großes Ehrenwort.

— Wie Mykle sagte.

Er lachte.

— Das habe ich auch gelesen. Das ist gut.

— Männerkult.

— Ja, deswegen mag ich es ja. Kommst du mit? Ich habe da einen kleinen Scharfen. Dazu sagst du wohl nicht nein danke, oder?

— Weißt du was? Du mußt endlich aufhören zu denken, daß du in dem uralten Spiel zwischen Mann und Frau bist. Es ist angenehm, mit dir zu reden. Und ich bin einsam. Meine Geliebte ist abgereist. Wenn ich mitkomme, dann wohl deswegen.

Genau hier machte ich meinen Fehler, und ich hörte es im gleichen Augenblick — der kleine Zweifel, den Er aus dem Weg räumen konnte.

Ich ging mit. Ich wirkte genauso unsicher, daß ich in sein Bild paßte. All „meine Geliebten" der Welt konnten ihn nicht erschüttern. Und im Innersten hatte ich noch das Gefühl, daß ein Mann Rettung bedeutete. Und ein dummes Gefühl von Stolz sogar, weil er groß war und gut aussah und ich aussah, als sei ich seine Begleiterin. Unzählige mißglückte Konfrontationen mit Männern hatten es dennoch nicht vermocht, mich zu überzeugen.

Wir gingen durch die Straßen, die inzwischen ziemlich leer geworden waren. Er wohnte in der vierten Etage eines Studentenheimes in der Pilestredet. In einem winzigen Rechteck von Zimmer, mit Fenster zum Hinterhof, von wo man in all die anderen winzigen Rechtecke gegenüber sehen konnte.

Er holte eine halbe Flasche Cognac ganz unten aus dem Kleiderschrank, aber da war kein Cognac drin. Er erklärte, daß er seinem Onkel den Inhalt verdanke. Dieser einmalige Onkel, der in Fåberg wohnte, hatte gerade einen Stadtbummel gemacht. Ich trank ihn pur, obgleich er mich warnte. Er schmeckte wie trockenes Feuer.

Er setzte sich neben mich auf das Bett, erhob sich aber sofort wieder und legte Zorbas Tanz auf. Er stellte sich mit ausgebreiteten Armen auf, lächelte, beugte die Knie und war Anthony Quinn. Er setzte sich wieder neben mich.

— Der war toll, hast du ihn gesehen?

— Ja, der war toll.

Ich fühlte seine Hände auf meinen Schultern. Das war's, was ich die ganze Zeit gewußt hatte. Mit welchem Recht nahm ich an, daß er mich für lesbisch hält, wenn ich wie eine Frau aussehe.

— Du ... kannst du das nicht sein lassen?

— Das macht ja wohl nichts, wenn ich hier sitze und dir die Hand so auf die Schulter lege?

— Doch, das macht etwas. Was würdest du sagen, wenn ein Mann das bei dir machen würde?

— Aber ich bin doch nicht homosexuell! brach er entrüstet aus ...

Gute Erklärung. So kann man es treffend ausdrücken. „Ich bin nicht homosexuell", ist immer ein besseres Argument, als zu sagen, daß du es bist.

Ich schüttelte seine Hand ab, aber sie rutschte nur hinunter und war schon wieder da. Er begann, mich an sich zu drücken. Das war nicht mehr witzig. Nichts auf der Welt war mehr witzig. Warum sollte ich eigentlich auch denken, daß die Männer sich im letzten halben Jahr verändert hatten?

— Hör auf! sagte ich.

— Du kannst mir ruhig einen kleinen Kuß geben.

— Nein, ich will nicht. Ich habe dir doch gesagt, daß ich keine Lust auf Männer habe.

— Die Männer, die du gehabt hast, müssen ganz schön unbrauchbar gewesen sein.

Jetzt war er heiß und wild. Er zwang mich unter sich auf das Bett.

— Hör auf! sagte ich und versuchte, mich wegzudrehen. Er hielt mich fest und drückte seinen Mund auf meinen. Ich kniff den Mund zusammen.

— Hör auf! rief ich. Er versuchte, meinen Mund gewaltsam mit der Zunge zu öffnen, und legte gleichzeitig seine Hände auf meine Brust. Strategie.

— Hör auf! rief ich noch einmal. — Wenn du nicht aufhörst, werde ich wütend.

Ich erhob mich und blickte mich nach meinem Duffelcoat um. Er stand auch auf und hielt mich an den Schultern. Ich bat ihn aufzuhören und wiederholte, daß ich böse werden würde und jetzt gehen wolle. Nein, aber ich könne doch nicht gehen, jetzt, wo es gerade so schön sei, sagte er. Doch, ich wolle gehen. Er versuchte, mich wieder festzuhalten. Nur einen Kuß. Nein, ich hatte doch gesagt, daß ich nicht wollte. Ja, aber nur einen Kuß. Konnte er denn nicht verstehen, daß, wenn ich nein sagte, ich es deshalb tat, weil ich nein meinte? Aber mochte ich ihn denn nicht? Doch, er war ganz in Ordnung. Ich hatte endlich meinen Duffelcoat. Er versperrte mir den Weg. Warum konnte ich nicht bleiben? Er faßte mich wieder an und klemmte seine Hand zwischen meine Beine. Ich wurde so wütend, daß es in mir weh tat. Gleichzeitig wußte ich, daß ich den Widerstand leistete, den er brauchte — um so größer konnte ihm dann die Eroberung meines Geschlechts erscheinen. Es gab keinen Weg, da herauszukommen. „Nein" sagten tausend Frauen, ohne es zu meinen. Oder meinten sie es und gaben auf? Ich stieß ihn mit so großer Wucht von mir, daß er rückwärts gegen den Tisch knallte — weil er nicht damit gerechnet hatte, daß ich so wütend werden könnte. Die Onkel-Flasche fiel herunter. Ich riß die Tür auf, lief raus und rannte den langen Korridor runter, während ich ihn schimpfen und fluchen hörte. Ich wartete nicht auf den Fahrstuhl, sondern lief alle Treppen hinunter und hielt nicht an, bevor ich nicht wohlbehalten auf der Pilestredet angekommen war. Die Straße war ziemlich leer. Das einzige, was ich sah, war ein Mann mit Herrenmantel und Krawatte. Ich eilte in die entgegengesetzte Richtung.

Jetzt verstehst du sicher besser, was ich meine, wenn ich sage, daß ich alberne, dumme Sachen mache. Jede Idiotin hätte sich ja ausrechnen können, wie das enden würde. Ich hatte es ja fast selbst arrangiert, würde ich sagen. Du lieber Himmel, armer Mann, was sollte er wohl denken? Nicht genug damit, daß ich mich von ihm auf der Straße auflesen ließ, aber ich war nicht einmal besonders schwer zu überreden gewesen, mit ihm nach Hause zu kommen.

Ja, weil du ja wohl in Gottes Namen nicht damit gerechnet hattest, daß er auch nur ein Wort glaubte, von dem, was ich gesagt hatte?

DAS SICHERE ALIBI

So endete also mein erster Versuch, die Mauer zu durchbrechen. Ich sag's, wie es ist.

Aber es sollte nicht mein letzter sein. In vieler Hinsicht bin ich doch eine tapfere Seele.

Indessen lebte ich noch immer in dem Glauben, der Klub sei ein Ort, wohin homophile Menschen gingen, um miteinander zu reden. Also besuchte ich ihn weiter. Wir Frauen gabeln uns im allgemeinen nicht auf der Straße, der Toilette, am Hauptbahnhof oder im Park auf. Selbst die Irrwege der Männergesellschaft sind uns verschlossen.

Also ging ich in den Klub. Außerdem konnte es sein, daß auch mir eines Tages das Glück lächelte; daß es in Gestalt von ihr käme, von der ich eigentlich schon immer geträumt hatte – die aber nie Form annimmt, bevor sie kommt. Es passierte schon mal, daß ich der einen oder anderen hinterherstarrte. Entweder weil sie eine faszinierende Stimme hatte oder etwas weniger dumm aussah als die anderen; aber solche Frauen gehörten immer anderen.

Meine Auserwählte segelte deshalb ständig mit der einen oder anderen dämlich aussehenden Frau davon, von der ich nie verstehen konnte, daß jemand sie mir vorzog.

Schon immer bestand bei mir die Tendenz, daß mir andere zuvorkamen. Also saß ich da allein mit meinem Bier und versuchte so auszusehen, als säße ich absolut nicht allein da, und setzte eine Miene auf, die auf keinen Fall verriet, daß ich hinter jemand her war.

Die meisten Anwesenden waren übrigens Männer. Merkwürdig, daß es eine so überwältigende Mehrzahl von Männern sein soll, wo doch die gesamte Popindustrie sich dafür einsetzt, das weibliche Geschlecht so attraktiv zu machen. Äußerst eigentümlich. In meiner Einsamkeit wurde ich mit einigen dieser Männer bekannt. Ja, heute sind einige meiner allerbesten Freunde Homosexuelle! Freundliche, hilfsbereite und zuvorkommende Menschen. Ich erwähne das nur mal so.

Unter anderem traf ich Ulrik. Er vertraute mir an, daß er auch an der Uni in Blindern studierte. Der erste Mensch, den ich traf, der sagte, daß er studiert und gleichzeitig homophil war.

Himmel! War da wirklich eine Verbindung zwischen dem Leben, das ich innerhalb der Klubmauern führte, und dem Leben, das ich in und zwischen den Hörsälen mit Ringbüchern und „Paradise lost" unter dem Arm führte? In der ganzen Zeit im Klub kam ich mehr und mehr dazu, mich wie ein Doppelmensch zu fühlen. Wenn ich in Blindern saß und über das Meer der zielbewußten Kaffeepausen-Menschen sah, dachte ich: „Die sollten bloß wissen, wohin ich abends gehe!" Wenn ich in der Straßenbahn auf dem Weg zum Schlupfwinkel war, dachte ich: „Die sollten wissen, daß ich DAHIN fahre." Und dann war da plötzlich Ulrik und fand es nicht im geringsten merkwürdig, daß ein Blindern-Wesen auch ein Klubwesen sein konnte. Ich fühlte mich sofort stark mit ihm verbunden.

Wir trafen uns oft und redeten stundenlang miteinander. Ich war in Hochstimmung, fühlte mich glücklich und wertvoller, weil ich einen Mann so gern haben konnte. Es war fast so, wie eine Richtige Frau zu sein.

Automatisch begannen wir, uns gegenseitig ein Alibi zu verschaffen. Ununterbrochen riefen wir uns an — zu Zeiten, wenn höchstwahrscheinlich andere ans Telefon gingen. Wir schlenderten Hand in Hand die Karl-Johan entlang, daß all die Gewöhnlichen und Tödlich Langweiligen begannen, uns eifrig und lebhaft mißzuverstehen.

— Nein, wie schön, daß du endlich jemand für dich gefunden hast, sagten sie zufrieden.

— Ja, er ist einmalig.

— Könnt ihr uns nicht bald mal besuchen kommen?

— Ja, das täten wir schrecklich gern.

— Jetzt am Samstag? Geir und Lise kommen auch.

— Schön.

— Keine besondere Garderobe, ja?

— O.k. Bis dann!

Kurz gesagt: Wo Gunnhild und ich uns durch die Hintertür schlichen, gingen Ulrik und ich nun selbstbewußt mitten durch den Haupteingang; wo Gunnhild und ich uns leidenschaftlich aufeinander gestürzt hatten, saßen Ulrik und ich auf unseren Stühlen, tranken unseren Tee und fragten uns, warum die Welt auf dem Kopf stand.

Wir beschlossen, daß wir für alle Mit-Homos, die sich versteckt hielten, etwas tun wollten. Deshalb formulierten wir in einem Aufruf an homophile Studenten, daß wir wüßten, es müßten einige Hundert sein, und daß sie aufhören sollten, sich zu verbergen. Wir baten sogar um Audienz bei der allerhöchsten Verwaltung der Uni, um Anerkennung zu erhalten. Alles sollte ja in Ordnung sein. Besonders mit uns.

Ulrik war außer sich vor Nervosität, als wir da vor der Tür saßen und warteten. Weil er dachte, die allerhöchste Verwaltung könnte annehmen, Ulrik sei gekommen, ihn zu verführen, nachdem er unser Anliegen gehört hatte. Aber die allerhöchste Verwaltung war sehr aufgeschlossen und versuchte zu verbergen, daß er nie zuvor über dieses Problem nachgedacht hatte. Ja, sagte er, mmmh, sagte er — das Kinn auf die Hände gestützt —, während wir erzählten. Doch, wenn wir wirklich glauben, daß dies ein Problem sei ... Das glaubten wir.

Wir verteilten Flugblätter und ließen uns von der Tagespresse interviewen. Alle im Klub fanden, daß es großartig war. Sehr mutig. Stell dir vor, zum allerhöchsten Verwalter zu gehen und zu erklären, daß wir homophil sind, und dann noch obendrein etwas Vernünftiges zu sagen.

Nun mußt du auch nicht denken, daß wir unsere Namen in den Zeitungen abdrucken ließen oder die Flugblätter offen verteilten, während die Leute dasaßen und Kohlrouladen mit sechs Kartoffeln dazu aßen. Nein, wir blieben anonym und legten die Zettel im Schutze der Nacht und ihrer beruhigenden Dunkelheit aus und taten am nächsten Tag, als sähen wir sie nicht.

Die meisten, die es betraf, machten es auch so.

Doch du mußt daran denken, daß dies zu einer anderen Zeit geschah. Es geschah in einer finsteren Zeit, wie zurück in den tiefsten Sechzigern. Ein solcher Aufruf wäre heute völlig unaktuell. Wo wir Homosexuelle überall umarmt in den schönen Grünanlagen von Blindern herumlaufen sehen können. Und wo besonders die Lesben die Gewohnheit haben, sich im Frühling unter der Air-Skulptur zu treffen. Aber das ist jetzt. Niemand wagte damals in Blindern, sich zur Homophilie zu bekennen. Das schmälerte in keiner Weise die Bewunderung, die uns im Klub zuteil wurde. Dankbarkeit. Gut, daß da einige waren, die für uns einen Schlag ausführten. Rosa, immer in Hemd mit Stehkragen, Krawatte und dunklem, maßgeschneidertem Anzug, kam zu mir heran und sagte, nie im Leben hätte sie gewagt, jemand zu erzählen, daß sie homophil sei.

ALSO HAT GOTT... (JOH. 3. 16)

Das war genau zu der Zeit, als ich Kristin traf. Kristin war eine Erfüllung. Auf diese Weise bin ich auch mit Nora in Kontakt gekommen. Nora war keine Erfüllung.

Ich war auch keine Erfüllung für Nora. Sie schrieb mir, und wir trafen uns einen Abend im Frühsommer draußen vor dem Café Valkyrien. Sie stand da in hellem Frühlingsmantel, hochhackigen Schuhen und war offensichtlich beim Frisör gewesen. Wir gingen hinein und bestellten Bier.

Sie bestand darauf zu bezahlen und geriet in einen endlosen Konflikt mit dem Kellner, der nicht begreifen konnte, warum nicht jede für sich bezahlen sollte.

Sie sagte, sie hätte unsere Aufforderung gelesen und fände uns mutig. Dies war das erste Mal, daß sie überhaupt mit jemand darüber sprach, daß sie lesbisch war, und sie war jetzt zweiundvierzig geworden. Noch nie hatte sie etwas mit Männern zu tun gehabt. Also — so. Sie hatte auch noch nie etwas mit einer Frau gehabt. Aber sie hatte jahrelang eine Kollegin angebetet. Sie war nämlich jahrelang Sekretärin gewesen, bis sie endlich herausgefunden hatte, daß sie studieren wollte. Jetzt studierte sie Französisch.

— Ich habe gerade „Die Mauer" von Sartre gelesen,

sagte sie.

— Das ist phantastisch.

— Ja, sagte ich. — Ich kann es nie lassen, an diesen Typen zu denken, der eine Frau mit in sein Hotelzimmer nimmt, und sich auf einen Stuhl setzt, nur um zu sehen, wie sie sich auszieht, und sie ist verzweifelt, weil es nur das ist, was er will. Immer, wenn ich an diese Szene denke, werde ich sehr aufgeregt.

Ich lächelte dumm. Sie sah etwas enttäuscht aus. Ich hatte wohl einen falschen Ton angeschlagen. Man konnte ja nicht so einfach dasitzen und sagen, daß „die Mauer" phantastisch ist. Schwieriger war es schon, konkrete Details zu nennen.

— Aber das ist ja nicht aus der „Mauer", sagte sie.

— Nein, nicht aus der „Mauer", aber in der „Mauer".

Sie lachte. Aber das war kein echtes Lachen aus dem Bauch. Nur ein kleines, passendes aus der Kehle. Das geht nie gut, dachte ich.

— Weißt du was? Ich bin so dagegen, daß die Leute denken, Homophile sind nur sexuelle Wesen ..., sagte sie.

— Aber sind sie es denn nicht? Warum sollten wir denn keine sexuellen Wesen sein dürfen, genau wie alle anderen?

Sie sah mich an. Es ging ihr darum, etwas zu erklären. Ich sollte jetzt hier nicht sitzen und ihr die Veteranin vorspielen. Sollte sie es sagen! Ich konnte es nicht lassen, einen verstohlenen Blick auf ihre großen runden Brüste unter dem hellblauen Pullover zu werfen, während ich so tat, als konzentrierte ich mich auf mein Bier-

104

glas. Sie lächelte mich so hübsch an. In ihrer Freizeit spielte sie Violine.

— Ich spiele Violine und denke an die Frau, die ich liebe und die ich nicht bekommen kann, sagte sie.

— Willst du weiterhin Violine spielen? fragte ich und lächelte.

Diesmal hatte ich etwas mehr Glück mit meinem Lächeln. Ich spürte es, weil ich etwas betrunken war. Ihre Frisur störte mich nicht mehr so sehr.

— Ich schreibe auch einige kleine Gedichte, sagte sie und fügte hinterlistig hinzu: — Aber vielleicht meinst du, daß ich damit auch aufhören sollte?

— Es kommt drauf an, wie sie sind.

Woraufhin sie an Ort und Stelle eins der Gedichte aufsagte. Es handelte von einigen Blumen am Meer, die weggespült wurden. Ich ging mit zu ihr nach Hause. Sie spielte „In the chapel in the moonlight" für mich auf der Violine und zeigte mir ihr Familienalbum: ihren Bruder mit Braut, ihre Schwester mit Bräutigam, ihre Eltern als Jungverheiratete, und sie selbst mit Studentenmütze. Außerdem zeigte sie mir einige Vasen, die sie aus Ton angefertigt und bemalt hatte. Kleine, biblische Motive.

Sie erzählte, sie hätte einen heimlichen Traum. Nie hatte sie gewagt, ihn anderen Menschen mitzuteilen. Sie träumte, sie stünde vor einem Altar zusammen mit der Frau, die sie liebte, und würde ihr Treue bis in den Tod versprechen. Als sie das sagte, errötete sie.

— Das ist Gott gegenüber, verstehst du, fügte sie hinzu. — Ich spreche jeden Tag mit Gott. (Ich dachte: — Ach ja? Wie geht es ihm? klappte aber den Mund im letzten Moment wieder zu.) Aber das ist etwas anderes. Weißt du was? Ich glaube nicht, daß Gott Liebe zwischen Frauen oder zwischen Männern nicht akzeptiert ... Glaubst du das?

— Ich glaube nicht an Gott. Als Kind glaubte ich an ihn, aber er hat mich so oft reingelegt, daß ich ihn satt habe. Der Gott, von dem ich gehört habe, ist schlecht. Er akzeptiert auch nicht die Liebe zwischen Mann und Frau. Deswegen vertrieb er sie schließlich auch aus dem Paradies. Weil er eifersüchtig war. Er ertrug es nicht, sie zu sehen. Und Gott sieht ja alles, seine Eifersucht sitzt in seinen Augen, also muß es ihm wirklich verdammt schlecht gehen. Er hatte doch gedacht, Adam ganz für sich allein zu haben. Eva war ein Strich durch seine Rechnung. Wußtest du nicht, daß Gott homophil ist?

— Aber du glaubst doch nicht an ihn?

— Ich spreche nur über den Gott, wie er mir beigebracht wurde. Er ist homophil. Eine andere Erklärung kann ich dafür nicht finden. Übrigens brauchen wir nicht irgendwelche Erklärungen. Warum sollte er nicht homophil sein?

Nein, jetzt mußte ich mich bremsen. Sie war ja eine Christin. Ich mußte auf ihre Gefühle Rücksicht nehmen. Es kam mir nicht in den Sinn, daß sie auch Rücksicht auf meine Gefühle nehmen könnte. „Ich bin Christ", ist immer ein gutes Argument, das eine Menge guter Einwände erstickt.

— Aber Gott ist Eifersucht und alles Böse fremd. Gott ist Liebe.

— Von welchem Gott redest du?

— Von meinem Gott.

— Von dem habe ich nie etwas gehört. Ich kenne nur den, der alles Leid auf der Erde erklärt mit: „Das ist mein Wille."

— Aber Gottes Wille ist gut.

— Wie kann Böses gut sein?

— Das kann es, allerdings. Was Gott will, ist gut, obwohl es manchmal so aussieht, als wäre es böse.

— Oh! Jetzt verstehe ich es gut.

Sie lachte wieder das kleine Lachen aus der Kehle. Ich brachte wirklich nichts hervor, das die Wölbung unter dem Hellblauen ein bißchen zum Beben bringen konnte.

— Du machst dich lustig über mich. Aber ich glaube, die Kirche hat es mißverstanden. Gott selbst sieht, daß die Liebe, die ich für die von mir geliebte Frau empfinde, eine gute Liebe ist. Die Kirche muß begreifen, daß sie Gott mißverstanden hat. Und wenn sie das einsieht, kann mein Traum in Erfüllung gehen.

Das war nun wirklich Wasser auf meine Mühlen. Jetzt kam genau das Pik-As, auf das ich während des ganzen Spiels gewartet hatte, um es mit meinem Trumpf auszustechen.

— Die Kirche hat Gott nicht mißverstanden. Sie hat ihn in all seiner Bosheit offenbart. Deswegen wird sie auch nie dahinkommen, Homo-Paare anzuerkennen. Die Kirche muß Gottes Bosheit schützen, sonst löst sie sich auf. Kannst du das nicht einsehen?

— Nein, das kann ich nicht einsehen. Gott blickt voller Gnade auf uns Sünder, und die Kirche nimmt uns

auf. Eines Tages wird sie auch die Homophilen aufnehmen.

— Wie Sünder, ja. „Wir akzeptieren die Sünder, aber
nicht die Sünde", das sagen sie ja. Was heißt das? Wir
sollen Gott fürchten und lieben, daß wir nicht die Homosexualität, aber die Homos akzeptieren. Lustig, nicht
wahr? Aber die Kirche ist ja auch bekannt für ihren Sinn
für Humor. Der mit dem Heiligen Geist ist ja auch gut.

— Ich meine, eines Tages werden sie einsehen, daß sie
da etwas falsch machen. Homophilie ist keine Sünde,
und eines Tages wird die Kirche einsehen, daß in Gottes
Reich für alle Platz ist, auch für uns.

— So? Warum ist denn kein Platz für den Satan da?
Was läßt dich glauben, daß du soviel besser bist als er?
Wer anderes als eine böse, machtgierige und rachsüchtige
Person kann zu mir sagen: „Ich verdamme dich zu ewi-
ger Pein, wenn du nicht an mich glaubst"? Die Kirche
hat Gott nicht mißverstanden. Sie hat ihn auf's Korn genommen. Ihn sozusagen auf frischer Tat ertappt. Alle
Aufforderungen unsererseits, uns zu akzeptieren, sind
nur Aufforderungen an sie, das Christentum mißzuverstehen.

— Aber das Christentum ist die Religion der Liebe!

— Ach ja? Wann wurde sie das denn? Die Leute laufen
herum und glauben, die Botschaft des Christentums sei:
Du sollst deinen Nächsten lieben wie dich selbst. Als
hätten Gott und Jesus nie etwas anderes getan, als das
zu erklären. Oh, nein, du. Die Botschaft des Christentums ist: „Also hat Gott die Welt gehaßt, daß er seinen
eingeborenen Sohn gab, auf daß alle, die ihn fallen lie-

108

ßen, wahrhaftig verloren sind und ewig gemartert werden." Johannes, drei, sechzehn. Auch kleine Bibel genannt.

— Aber, meine Liebe, du predigst ja die reine Religion der Finsternis!

— Ja, war denn das Christentum irgendwann einmal etwas anderes als das?

— Aber du hast ja doch nicht zitiert, du ...

— Schlag das auf, sieh selbst nach. Wie willst du das denn sonst auslegen? Denkst du, wir können die Hölle abschaffen, nur weil einige liberale Priester uns hier und da auf die Schulter klopfen und sagen, wir sollen es nicht so schwer nehmen?

— Ja, aber die Gnade! Für mich ist die Gnade das Zentrale ... und die unendliche Großmut, der die Gnade entspringt.

— Wozu brauchst du die Gnade? Siehst du nicht, daß dies nur eine Bedeutung bekommt, wenn wir den Kern des Christentums akzeptieren? Daß nämlich rundherum im Universum zwei Prinzipien schweben: das böse und das gute Prinzip. Das böse Prinzip ist schwarz und hat ein bösartiges Grinsen um die Mundwinkel. Das gute Prinzip ist eine kleine, helle, freundliche Wolkenformation mit Heiligenschein drüber. Deshalb sollen einige erniedrigt und andere erhöht werden. Lasset die kleinen Homophilen zu mir kommen und wehret ihnen nicht, denn solcher ist das Reich Gottes. Halleluja. Welchen Wert hat Gottes Reich, wenn da jeder hinkommt? Aber du denkst sicher, es wird o.k. sein, wenn die Kirche aufhört, die Homos zu treten, und weiterhin auf anderen herumtrampelt? Das hohe Himmelsschloß bewahrt ja doch seinen Strahlenglanz nur an der Seite höllisch dunkler Tiefe.

— Ich glaube, daß die Hölle hier auf der Erde ist. Ich glaube nicht an eine jenseitige Hölle. Wir müssen von dem mittelalterlichen Christentum loskommen. Die Kirche hat eine große Macht über die Seele. Es bedeutet den Leuten viel, daß die Kirche uns verdammt. Wenn wir einige Geistliche dazu bekämen, hervorzutreten und die homophile Liebe zu segnen, wären wir quitt mit vielen Vorurteilen, die die Leute gegen uns haben.

— Wünscht du dir wirklich, als Beweis für den, ach, so großen Freigeist einzelner Priester benutzt zu werden? Welches Interesse können wir daran haben, die Kirche zählebiger zu machen, solange sie voraussetzt, daß jede und jeder einzelne von uns isoliert herumlaufen und sich sündig fühlen soll? Solange sie von uns erwartet, daß wir akzeptieren sollen, unsere individuelle Fähigkeit zur Sünde könnte nur durch den Tod eines anderen Menschen erlöst werden? Das Zentrale ist nicht, daß du deinen Nächsten lieben sollst, du Christenseele, das Zentrale ist, daß du *Gott* lieben sollst. Und das bedeutet, du mußt nach seinem Willen handeln, ungeachtet dessen, wie er ist. Wenn es sein Wille ist, daß du gehen und dich an ein Kreuz hängen sollst, mußt du es machen. Gott gab den Menschen den freien Willen, um nach seinem Willen zu handeln. Das ist die Freiheit, die er dir anbietet. Oh ja. Wenn die kleinen Homos angekrochen kommen, sollen sie wohl an der Gnade teilhaben.

— Ich finde, du verdrehst das.

— Ja, aber nur weil du glaubst, daß Christentum Or-
gelgetöse, Bach und Kirchturmspitze im Mondschein ist.
Es war ja nicht Bachs Schuld, daß die Orgel in der Kirche aufgestellt war. Ich könnte mir auch gut einen heiligen Moment mit meiner Geliebten vorstellen, aber das
hat dann nichts mit der Bibel oder irgendwelchen Prie-
stern zu tun.

Wie du dir denken kannst, war ich so richtig in meinem Element. Sie immer weniger in ihrem, nehme ich
an. Inzwischen war ich so ziemlich voll. Ich schätze, daß
ich dann die tiefsten Wahrheiten sage. Alles, was ich sage, wird gleichsam wesentlich. Natürlich erinnere ich
mich nicht so gut an das, was sie gesagt hat. Der Eindruck, der haften blieb, war nur, daß ich die Diskussion
gewann.

Wie du wohl schon erraten hast, war das keine geeig-
nete Taktik für die große erotische Stimmung. Wenn
auch nicht darüber gesprochen werden soll, was für Fun-
ken während dieses Kampfes bei uns übersprangen. Also
gingen wir nicht miteinander ins Bett. Das wirkt möglicherweise etwas enttäuschend. Aber, du verstehst, es
passiert schon gelegentlich mal, daß zwei lesbische Frau-
en, die allein miteinander sind, nicht ins Bett gehen, sondern stattdessen dasitzen und sich unterhalten. Wenn es
auch nicht besonders häufig ist. Das muß eingeräumt
werden.

Sie rief einige Male an, ich ebenfalls. Ich will es nun
nicht so darstellen, als wurde ich von ihr mehr gemocht
als sie von mir. Aber ich gab ihr zu verstehen, daß ich
eine Menge Frauen an Hand hätte und sehr damit be-

schäftigt war, mich mit denen rumzutreiben. Das verschaffte mir zudem einen größeren Wert, dachte ich. Weil es uns ja Prestige verschafft, unser Glück beim eigenen Geschlecht zu machen. Das ist genauso wie draußen in der weiten, sonnenüberfluteten Welt. Kein Unterschied. Absolut kein Unterschied.

Jedenfalls waren Nora und ich miteinander unvereinbar. Keine war der Traum der anderen, und das sahen wir glücklicherweise rechtzeitig ein. Es war das erste Mal, daß ich Derartiges rechtzeitig einsah, das war ein Fortschritt. Also konnte sich das Gefühl einstellen, daß eine Entwicklung geschehen war. Auch mit mir. Ich weiß nicht, wie es bei dir ist, aber mit mir ist es so, daß ich die ganze Zeit glaube, klüger zu werden.

WACHT AUF,
VERDAMMTE HOMOPHILE!

Na ja, so endete mein erster Versuch, eine meiner lesbischen Schwestern aus ihrer Isolation zu lösen. Es glückte übrigens auch in hohem Maße, obwohl sie selbst den Rest erledigte. Als ich sie einige Monate später im Klub sah, hatte sie ihr Haar abgeschnitten, trug eine rote Weste, Stehkragen und ging mit langen, forschen Schritten zwischen den Tischen durch und rief: „Hallo, Leute!"

Nun hast du in der Zwischenzeit möglicherweise Kristin vergessen. Ich aber nicht. Du weißt, wenn etwas wirklich eine Bedeutung hat, behandelst du es gern en passent und fährst so darüber hinweg. Da heißt es, vorsichtig damit sein, so etwas darzustellen.

Ich habe übrigens ein ziemlich wackliges Verhältnis zur Sexualität. Ich weiß nie richtig, ob ich will oder nicht — auf die Dauer. Ich finde, zusammen zu schlafen ist eine ziemlich anstrengende Veranstaltung, die oft nicht hält, was sie verspricht. Und da es nun mal auf Leben oder Tod mit einem Orgasmus enden soll, endet es oft nicht im Orgasmus. Weil du so beschäftigt bist, daran zu denken, wie mißglückt es wäre, wenn du keinen Orgasmus bekommst, bekommst du ihn dann nicht.

Jetzt sind die wieder da. Die mit der Theorie. Sie kommen angeschwebt. Eine Reihe männlicher Wesen.

Mit einer Orgasmusuntersuchung in den Dokumentenmappen.

Orgasmus als physiologisches Phänomen. Jetzt sollst
du etwas Sonderbares hören. Eine Frau hat auch ein
Ding, das sich irgendwie als eine Art Penis bezeichnen
läßt. Wir seufzen erleichtert. Haben wir das wirklich?
Also ist es möglicherweise nicht so schlimm mit uns,
trotz allem? Vor lauter Bewegung steigen uns fast die
Tränen in die Augen. Stell dir vor: eine Art Penis! Oh,
welch ein Glück!

Das nennen wir Klitoris. Wir lächeln brav und zeich-
nen eine Klitoris an die Tafel. Wir leben in einer modernen Zeit — deshalb tun wir das. Dieses Exemplar in star-
ker Erregung ist ums Zwanzigfache vergrößert. Der
weibliche Als-Ob-Penis.

— Wenn der fftimuliert wird, liebe Kinder, auffrei-
chend lange und rhythmisch, vergefft daff nicht! bekommen Frauen daff, waff wir Orgaffmuff nennen. Eff
ifft aufferordentlich wichtig für Frauen, daff ffie ihre
Befriedigung durch den Orgaffmuff erhalten.

Orgasmus im Ehebett, Orgasmus im Bus, Orgasmus im
Freien und Orgasmus im Haus, Orgasmus im Herzen, Orgasmus im Sinn — Orgasmus, nur Orgasmus. Zu singen
nach „Die Sonne da draußen". Daß ein Text nicht zum
Rhythmus paßt, hat so manche Norweger noch nie daran gehindert, ein Lied zu singen. Alle singen nach ihrem
Schnabel! Alle stöhnen zu ihrem Orgasmus!

Oh, blutvolle Frau, die vor Freude bei meiner Berüh-
rung aufschreit — leg dich hin und sei Anna Magnani für
mich! Bevor wir uns mit unseren Dokumentenmappen

hier davonmachen zur nächsten Zuhörerschar.

Der Orgasmus ist ein Punkt, von dem alle Dinge aus-
strahlen und sich offenbaren in ihrem ganzen farben-
freudigen Spektrum eines sprühenden Regenbogens und
Blumen auf der Wiese, und du entdeckst, daß du dennoch die Person, mit der du schläfst, nicht liebst.

Hier kommt Kristin ins Bild. Weil ich Kristin nämlich
liebe. Mit ihr kam ich zum Orgasmus. Mehr werde ich
nicht über die Blumen erzählen, die ich sah. Die waren
übrigens gelb und violett und wirbelten herum wie der
Duft aus einem Kindertraum.

Kristin hatte auch über unsere Initiative gelesen. Sie
fand mich nicht mutig. Sie sprach auch nicht derart, wie
ich allmählich gewöhnt war, daß du es tust, wenn du homophil bist:

— Zu Hause wissen die nichts darüber, daß ich so bin.

— Nein, die würden einen Schlag bekommen, wenn
die wüßten, daß ich bin, wie ich bin.

— Gibt es eine Person, die weiß, wie du bist?

— Nein, niemand weiß etwas über mich.

Oh ja. Kristin hatte Phantasie. Sie schaffte die höchst
sonderbarsten sprachlichen Verbindungen. Sie besaß
eine fabelhafte Fähigkeit, die Wörter der norwegischen
Sprache zu kombinieren, ihre Möglichkeiten in aller Fül-
le auszunutzen. Kristin sagte:

— Ich bin homophil.

Sie war überhaupt in vielerlei Hinsicht ein Original.
Ich fühlte, als ich Kristin traf, daß es nun an der Zeit
war, Ordnung in mein Leben zu bekommen. Ich hatte
nämlich so eine Vorstellung, daß an einem Punkt zwi-

schen zwanzig und dreißig Ordnung in das Leben aller kommen müsse. Da hören die Menschen auf, etwas zu wollen, und beginnen statt dessen zu wohnen. Ich dagegen war immer nur an dem einen oder anderen Ort gewesen. Es gab nichts, das ich mir vorgenommen hatte hier im Leben, das man wohnen nennen könnte. Ich hatte es satt, ein solches Episodenleben zu führen. Da kam Kristin in mein Leben; auf einem weißen Pferd reitend errang sie den weißen Sieg. Sie kam übrigens auf einem schwarzen Fahrrad während eines Gewitters angeradelt.

Ich stand an der Josefinengate/Ecke Pilestredet. Es war mitten im Juni und der Himmel blauschwarz. Es hatte sie lange Zeit gekostet, zu antworten. Sie hatte eine Woche zuvor angerufen und gesagt, sie glaubte, nun sei es Zeit, daß etwas geschähe. Sie hörte sich so an, als sei sie mit irgendwas ganz anderem als Telefonieren beschäftigt.

— Mehr kann ich am Telefon nicht sagen, bemerkte sie atemlos.

— Sag mal, hast du gerade einen Dauerlauf gemacht? Kurzes Lachen am anderen Ende.

— Nein, ich habe im Grunde den ganzen Tag dagesessen und mich gefragt, ob ich anrufen soll.

Sie kam fünf Minuten zu spät. Ich hatte sie vorher nie gesehen. Nicht einen Augenblick war ich im Zweifel, daß sie es war. Sie tauchte an der anderen Straßenseite auf, bremste mit dem einen Bein auf dem Fußweg, winkte und lachte. Ich steckte die Hände in die Taschen und sah auf den Boden, als ginge sie mich nichts an, und schlenderte dann rüber. Es war warm. Ihre Haare hingen in Strähnen über die Stirn. Sie pustete sie hoch, so daß sie sich ein wenig hoben, um dann an den gleichen Platz zurückzufallen.

— Ich weiß, ich sehe schrecklich aus, sagte sie.

— Nein, sagte ich und wurde verlegen, weil ich dem nichts hinzufügte.

Sie hatte ein breites Gesicht und kräftige Augenbrauen. Der mit den Orgasmusuntersuchungen würde sie aussortiert und die Heißblütige aus der ersten Reihe gewählt haben. Ich starrte sie fasziniert an. Es blitzte.

— Ist das nicht herrlich? sagte sie und starrte zurück.

Wir begannen, langsam an der Bisletmauer entlangzugehen. Sie erklärte, daß sie noch im Weinmonopol gewesen sei, deswegen sei sie zu spät gekommen. Sie sei sehr nervös gewesen und beinahe umgekehrt. Sei den ganzen Tag nervös gewesen. Sei fünfundzwanzigmal auf's Klo gerannt. Hätte im gleichen Moment, in dem sie mich an diesem Tag angerufen hatte, auch schon bereut.

— Wirke ich so gefährlich? fragte ich. Es klang albern.

— Ja.

Es prickelte in meinen Handflächen. Wir sahen uns schnell an. Hilfe! Mindestens fünfzehn Schritte lang sagten wir nichts.

Wir gingen die Collettstraße entlang und kamen zum Ullevalsweg. Wir blieben stehen. Wohin wollten wir eigentlich? Sie hatte angenommen, daß ich hier wohnte. Ich hatte gedacht, daß sie hier wohnte. Wir sahen uns dumm an. Dann gingen wir rauf zum St. Hanshaugen. Es war wohl ein Instinkt, der uns dorthin zog. Der uralte Funke war auf's neue erstanden. Es war naß im Gras.

— Ich bin eigentlich zur Zeit total deprimiert, sagte sie und lachte.

Sie zog eine halbe Flasche Brandy Spezial aus der Fahrradtasche. Sie enthielt Brandy Spezial. Wir nahmen jede einen Schluck und empfanden das wie eine Vertraulichkeit. Jedenfalls ich.

— Ich habe dich übrigens früher schon mal gesehen, sagte sie.

— Wo?

— Im Osloer Frauenverband. Einige Male.

— Bist du da auch hingegangen?

— Ja, aber ich fühlte mich irgendwie außenvor. Was sie sagten, faszinierte mich. Aber ich fühlte, daß ich dort keine Berechtigung hatte. Alle Frauen dort hatten — oder sahen aus, als hätten sie — ein direktes Verhältnis zu Männern. Lesbische Frauen wurden nicht erwähnt. Das ließ nicht die Vorstellung zu, deren Probleme könnten einen Zusammenhang haben mit der Frauenunterdrückung. Also fühlte ich irgendwie, daß ich der Sache fast schadete.

— Du lieber Himmel! Warum erhoben wir uns nicht und sagten, daß wir Lesben sind?

— Das hätte allzu peinlich und hallelujahaft gewirkt. Du wußtest nie, was du mit einem offenen Bekenntnis in all der Sachlichkeit anfangen solltest. Übrigens wußte ich sofort, daß du lesbisch bist.

Ich bekam einen Schreck. Immer hatte ich mich glücklich gepriesen, daß ich nicht herumlief und aussah, als könnte ich einen Konzertflügel schleppen. Ich nahm noch einen Schluck. Und blickte über die Stadt. Es war ein kleiner Grashügel, auf dem wir saßen. Unter den Bäumen. Ich fühlte ihre Nähe sehr.

Ja, nun denkst du nicht, daß ich leicht entflammbar bin. Aber das bin ich.

Ich bin sehr leicht verliebt, wenn du es denn endlich wissen willst. Und schnell. Und ich glaube nicht, daß die Liebe, die ich fühle, so hochwertig ist, wie die vieler anderer Menschen. Zum Beispiel die der Priester.

Es war also dieses kleine niedere Gefühl, das ich nun für die Person zu entwickeln begann, die neben mir im Gras saß. Da war lange nichts mehr gewesen. Tove gegenüber hatte ich wirklich stark diese minderwertigen Gefühle gehabt, und es war wunderbar zu spüren, daß sie nun wiederkamen.

Sie erzählte, sie hätte gerade eine Verlobung mit einem Medizinstudenten gelöst, sie fühlte sich verwirrt und zu alt, um sich verwirrt zu fühlen. Sie hatte ihm erzählt, daß sie glaubte, lesbisch zu sein, und er hatte gemeint, das könne mit der Zeit bearbeitet werden. Aber obwohl er lieb und nett zu ihr war, sie zärtlich liebte und eine Menge Bücher über Homophilie las, half das nichts. Sie war und blieb genauso unverliebt. In ihn. Er hatte eine Aversionstherapie erwogen, war aber ein Gegner davon. Statt dessen glaubte er an die Belohnungstherapie. Und wurde nicht belohnt.

Also platzte ich natürlich auch mit meiner Großen Männergeschichte heraus. Wir waren längere Zeit zusammen gewesen. Und er war sehr süß und rücksichtsvoll. Ich hatte gedacht, wenn ich überhaupt mit Männern könnte, dann mit ihm. Aber jedesmal wenn er mich zärtlich berührte, tauchte Toves Bild auf. Sonst war es auch da. Aber wenn er mich umarmte, wurde es stärker. Wir unternahmen eine Fahrt nach Paris und Hamburg. Er wollte um jeden Preis etwas Gutes für mich tun. Wir schlenderten durch die großen Städte und taten alles, wozu wir Lust hatten, tranken Wein, lachten, tranken Champagner, sprachen, diskutierten, tranken Wein, sprachen mit Leuten, die wir trafen, saßen in Straßen-Cafés, gingen in Nachtklubs mit Champagnerzwang, tanzten, schlenderten an der Seine entlang, gingen die Treppen zu Sacre Cœur hinauf, steckten Kerzen an, umarmten uns, veräppelten die Passanten, machten einen Schlachtplan, um die Mona Lisa zu stehlen — und die ganze Zeit dachte ich: so muß Paris erlebt werden. Nur ...

Und als wir nach Hamburg kamen, war er etwas beunruhigt über meinen Eifer, in alle Nachtklubs von St. Pauli zu gehen, und sagte, daß ich davon bisexuell werden könnte, wenn ich soviel Striptease sehe; und mir war auch nicht annähernd so klar wie ihm, wie interessiert ich war. Als wir dann im Morgennebel nach Hause gingen, kamen wir an einem kleinen Geschäft vorbei, das Bücher verkaufte. Und zwischen all den Büchern lag ein großes, dickes Buch mit weißem Umschlag und großen, schwarzen Buchstaben: ,,Die Homosexualität der Frau‘‘ — 35 DM, und er zog mich weiter. Die ganze Nacht, während er versuchte, mich zu liebkosen, dachte ich nur an den Titel und daß ich am nächsten Tag hinwollte, es kaufen, nach Norwegen verschwinden und es lesen.

Kristin lachte ein wenig traurig.

— Warum versuchen wir es so lange, wenn wir wissen,

daß es nicht geht?

— Wir wissen es ja nicht. Nicht richtig. Obwohl wir es wissen ...

Wir bekamen ein paar Tropfen ab. Es sah bedrohlich aus. Es wurden mehr Tropfen. Weit entfernt donnerte es.

— Jetzt wird es gleich losgehen. Das wird herrlich. Ich mag Regenwetter am liebsten. Sonnenschein bringt mich nur dazu, an all die Dinge zu denken, die ich versäume, sagte sie.

Es brach los. Es troff auf unsere Köpfe, unter die Kragen, die Erde wurde weich unter uns, kleine Bäche rannen hinab. Sie goß etwas Cognac in einen von ihnen und trank. Wir zogen unsere Schuhe aus und tranken aus dem Schuh der anderen, die Arme miteinander verschränkt wie in „Ben Hur". Wir begannen, den Grashügel hinunter zu rollen, und lachten. Dann legten wir uns oben auf dem Hügel aufeinander, rollten runter, wie wir es taten, als wir fünf waren, lachten, warfen unsere Schuhe in die Luft, und sie begann zu singen:

Wacht auf, verdammte Schwule alle
und ich berichtigte:

Wacht auf, ihr Homos dieser Erde
und sie verbesserte:

Wacht auf, verdammte Homophile
Die ihr von Lügen seid bedroht

Wir ergänzten uns gegenseitig mit den tollsten Vorschlägen zu unserem Kampflied. Dritte Zeile: Versteck dich nicht vor deiner Tante. Nein, das reimt sich nicht auf Homophile. Tante und Homophile sollten sich rei-

men, tun sie aber nicht. Wie war's mit: Versteck dich
nicht vor der Familie. Reimt sich auch nicht so richtig.
Nein, hör mal:

> S' Versteck zu lassen habt zum Ziele
> Die Eltern ehren ist Gebot!

Nein, das war zu grob. Es sollte ein schönes und anständiges Kampflied werden. Vierte Zeile:

> Wahre Antwort, die tut not!

Zu langweilig? Wie wär's mit: Zeig dich mit deinem
blanken Arsch. Nein, das untermauert nur die Vorurteile
der Leute. Wir nehmen die mit der wahren Antwort. Die
ist wahr. Fünfte Zeile:

> Reiß der Bibel Tyrannei in Stücke

Nein, nein, dann nehmen die Leute nur Abstand von
uns. Nichts mit der Bibel. Wir tun mal so, als ob sie o.k.
wäre. Kristin saß eine Weile und dachte intensiv nach.
Dann hob sie den Zeigefinger in die Luft. — Jetzt hab
ich's, brüllte sie:

> Lös die Sex-Moral doch auf in Omo
> Nimm's Tabu-Wort in den Mund!
> Stimm ein: ,,He, Leute! Ich bin Homo!
> Ich brauche Platz an Fjord und Sund!

Bam-Bam-bam-bam. Das sind die Trommelschläge.
Dann kommt der Refrain. Ich krähte los:

> Völker hört die Signale!

Nein, nein. Das eben tun wir überhaupt nicht. Wir hören ja keine Signale. Nie hatte es ein Signal gegeben.
Nicht mal den leisesten kleinen Pieps. Nein. Aber damit
sollte Schluß sein. Eine neue Zeit wird angekündigt. Wie
wäre es damit:

Völker hört die Signale!
Auf zum lesbischen Gefecht!
Genau. Ein feierliches und ansehnliches Kampflied sollte es sein. Mit Appell-Charakter. Heerscharen von Lesbierinnen aller Länder brechen sofort in voller Rüstung auf. Das Volk jubelt. Nun der Schluß. Die letzten beiden Zeilen.
Die Homosexuale
Erkämpft das Menschenrecht!
Phantastisch. Wir waren tief ergriffen über die letzte Strophe und sangen sie noch einmal mit Bravour.

Kristin fand schnell Papier und Bleistift in ihrer Satteltasche und schrieb das endgültige Resultat nieder, das wir mit glühender Begeisterung gröhlten.

Selbstverständlich rechneten wir damit, daß unser Lied in eine x-beliebige Gedichtsammlung eingehen würde. Junge Poesie. Beim Erkämpfen des Menschenrechts angelangt, waren wir schon ziemlich beschwipst.

Plötzlich sahen wir eine Dame mit Regenschirm durch das Unwetter angestapft kommen. Augenblicklich kletterten wir auf zwei Bäume und versteckten uns.

— Kuckuck, Kuckuck, krähte ich.

— Ho-mo, Ho-mo! krähte Kristin zurück.

Der Regenschirm hielt an.

— Haben Sie den Kuckuck gehört? rief ich aufmunternd.

Das Gesicht der Dame sah verstohlen hervor und spähte in die Luft. Kristin wedelte mit einem Ast.

— Kuckuck! johlte ich.

— Jetzt dürfen Sie sich etwas wünschen!

— Aber sagen Sie keiner lebenden Seele auf der Erde, was Sie sich gewünscht haben.

Die Dame hatte uns entdeckt. Sie verzog unsicher ihre Mundwinkel. Kristin und ich wurden so schlaff in den Armmuskeln, daß wir um ein Haar von den Bäumen gefallen wären.

— He, Sie da! rief Kristin und winkte mit der flachen Hand im Staatsbesucherstil. — Wir sind Homosexuelle!

— Ja, fügte ich hinzu und ließ mein schönstes Blendax-Lächeln durch das Laubwerk strahlen.

Die Dame begann weiterzustapfen. Nach einigen Schritten blieb sie stehen und drehte sich um.

— Das bin ich übrigens auch, sagte sie. — Aber ich führe mich trotzdem nicht wie ein Kuckuck auf.

Sie ging. Wir kletterten unter anschwellenden Lachanfällen runter und umarmten uns auf dem Grashügel.

Diese Episode von St. Hanshaugen erzähle ich meistens, weil ich es wichtig finde, daß du nicht denkst, es sei etwas Besonderes mit homosexuellen Frauen. Wir sind gewöhnlich Durchschnitts-Menschen, die sich normal benehmen. Eine homosexuelle Frau ist wie der x-beliebige Mann auf der Straße.

Wir liebten uns an Ort und Stelle, halbwegs ausgezogen, und waren berauscht genug, die großen Höhen ohne Skrupel zu erreichen, während der Juni-Regen auf uns niederging.

Zwei Tage später zogen wir zusammen in eine Zwei-Zimmer-Wohnung in Grorud.

EINE GANZ ANDERE SACHE

Kristin war nicht diejenige, die ihre homosexuelle Veranlagung versteckt hielt. Was ist eine Veranlagung?

Wenn du die Sache näher untersuchst, wirst du dich vermutlich wie Pippi Langstrumpf auf der Suche nach einem Spunk fühlen. In der Eisenwarenhandlung wird dir die Konditorei empfohlen und umgekehrt.

Das Wort ist tatsächlich interessant, vom linguistischen Standpunkt aus betrachtet. „Veranlagung" ist ein Wort, das mit zunehmender Häufigkeit nach dem Wort „Homosexualität" auftritt — ohne Fußnotenerklärung. Auf diese Weise hat es eine Art Suffixwert erhalten, so daß man von der Erwägung entbunden wird, ob es einen selbständigen Bedeutungsinhalt hat. Synchronisch sollte es deswegen als ein Form-Wort angesehen werden. Betrachten wir die Angelegenheit diachronisch, werden wir herausfinden, daß „Veranlagung" gewisse Tendenzen dazu hatte, das Wort „Tendenzen" als Homo-Suffix zu ersetzen. Einzelne Individuen haben jedoch zwischenzeitlich begonnen, von diesem Sprachgebrauch abzuweichen und berücksichtigen „Veranlagung" nicht mehr, um sich ganz in dem allerneuesten Homo-Suffix „Einstellung" zu tummeln. Semantisch betrachtet, ist das Suffix ein ausgeprägter Euphemismus. Das Wort „Homosexuell" —

so erwies es sich — zeigt einen gewissen Hang, dämpfende Wörter im Schlepp zu haben. Dadurch wirkt es nicht so gnadenlos direkt und flößt einen ausbalancierten Seelenzustand ein, wie es gleichzeitig eine wissenschaftliche Prägung abgibt von etwas, das für exakt und gründlich Durchdachtes steht.

Ich hege die Hoffnung, daß ich hiermit den Weg für die neue philologische Homosexualitätsforschung gebahnt habe.

Kurz gesagt, wir hätten ebensogut sagen können „die Homosexualitäts-Milchbrötchen mit Rosinen", aber es klingt ja so sinnlos.

Also dann: Als Kristin sich endlich dazu aufgerafft hatte, mit dem Studenten mit der medizinischen Veranlagung zu brechen, hielt sie ihre homosexuelle Veranlagung nicht mehr versteckt. Kristin gehörte zu dem Typ, von dem niemand im Traum annahm, daß sie lesbisch sei. Und wenn sie es dann wußten, fingen sie an, genau davon zu träumen.

Wir gingen Hand in Hand auf der Straße — nicht nur draußen im Grünen —, und das war wahrhaftig nicht das Schlimmste. Was war das Schlimmste? Tja. Ab und zu umarmten wir uns.

Nun kann man selbstverständlich behaupten, daß rein erotische Entfaltungen etwas sind, das ins Privatleben gehört. Aber hier sind wir beim Kern der Sache. Wenn zwei Frauen es sich erlauben, sich an der Ecke Karl-Johan- und Universitätsstraße zu küssen, ist das Exhibitionismus und frech und können die in Herrgottsnamen das nicht für sich behalten und darf man nun nicht mal mehr sein Bananensplit in Frieden essen? Wenn eine Frau und ein Mann das machen, sind es Frühlingsboten. Die Kastanien in Bygdöy fangen bald zu blühen an. Die Allee und alles ist schön und gut.

Wenn zwei Männer das täten ... Nein, verschont uns damit. Dann sind wir gezwungen, das ernst zu nehmen.

Also: Wir hielten uns nicht versteckt. Und wir wurden auch nicht besonders ernstgenommen. Aber wir bekamen zwielichtige Angebote, weil solche Angebote immer im Zwielicht gemacht werden.

Allmählich konnten wir die Männer in den Lokalen in vier Kategorien einteilen. Die der ersten taten so, als bemerkten sie uns nicht, oder bemerkten uns tatsächlich nicht (Waren die homophil? Wer weiß). Dann die, die mit uns sprachen und sofort wieder gingen, wenn wir sagten, daß wir nicht an einer näheren Bekanntschaft interessiert waren. Das war eine ungeheuer kleine Gruppe, die eigentlich an einem Minoritätsproblem leiden müßte. Und dann die, die sich an unseren Tisch setzten. Je mehr sie Gegenstand von spöttischen und abweisenden Bemerkungen wurden, desto länger blieben sie sitzen.

Sie versicherten uns, daß es ganz in Ordnung mit zwei Frauen wäre, dumm, daß es da so viele Vorurteile gäbe, zwei Männer dagegen, das könnten sie wirklich nicht verstehen, aber das ist ja etwas anderes. Es war besonders diese Kategorie, die in der Regel einen Wortschwall in dem Angebot münden ließ, mit nach Hause zu kommen und zusehen zu dürfen. Aber nur zusehen. Der Preis spielte keine Rolle.

Die vierte Kategorie hatte mit der dritten gemeinsam,

daß Spott sie nicht von der Stelle bewegen konnte. Vier Zurückweisungen waren kein Hindernis. Ganz im Gegenteil wurden sie als aufreizende Aufforderung aufgefaßt. Zwei so süße Frauen wie wir könnten wohl nicht lesbisch sein ... Nein, Lesbische, das waren solche ... ja, solche ... nein, wir waren nicht lesbisch. Die Moral: Wenn wir jetzt versuchten, mit ihm ins Bett zu gehen — weil er wirklich einen ganz Schönen hatte —, dann würde es eine ganz andere Sache werden.

Die mit der ganz anderen Sache waren am schwierigsten loszuwerden.

Nun muß du nur nicht denken, daß wir vorsätzlich dasaßen und provozierten (wie es so heißt, wenn wir uns das erlauben, was alle anderen sich erlauben). Nein. Wir saßen und sprachen miteinander. Einmal wurden wir ersucht „aufzuhören", weil es aussah, als würden wir uns mit den Augen auffressen, und das störte die anwesenden Gäste, sagte der Kellner. Und wenn wir uns herausnahmen, zur dritten oder vierten Kategorie zu sagen, daß wir überhaupt nicht daran interessiert waren, mit ihnen zu reden, weil wir eben mitten in einem Gespräch miteinander waren, dann kam ein Gespräch in Gang.

Diese Art, anwesende Gäste zu stören, schien die Kellner nie zu bekümmern.

Also — glückliche, mannsuchende Frau — ich rufe dir zu: Hast du Probleme, mit Männern in Kontakt zu kommen? Versuch's nicht mit Colgate. Da kannst du mit deinem strahlenden Weiß sitzen, bist du eine alte Jungfer bist — ach was! Schreib auch nicht an Frau Irene. Geh lieber mit ihr in das Café an der Ecke und beginn eine lustige Debatte, während du ihr interessiert in die Augen siehst. Dann hast du eine Chance!

Männerverachtung, sagst du? Findest du, daß ich eine männerfeindliche Haltung ausdrücke? Wahrlich, wahrlich, ich sage dir — selbstverständlich tue ich das.

Und warum, verdammt noch mal, sollte ich es wohl nicht? Hat es dich jemals bekümmert, daß die Zudringlichkeit der Männer Frauen gegenüber ein Ausdruck von Frauenverachtung ist. Ist das etwas anderes? Inwiefern anders?

Hast du von dieser Regel da über Frauen gehört — es gibt ja so viele treffende Sprüche über sie —, aber diese hier: Wenn eine Dame „nein" sagt, meint sie „vielleicht", sagt sie „vielleicht", meint sie „ja", und sagt sie „ja", ist sie keine Dame! Das ist gut, nicht wahr? Probier mal, das Wort „Dame" mit dem Wort „Mann" auszutauschen, dann wirst du sehen, wie amüsant das wird. Nun weißt du auch, daß eine Dame keine Möglichkeit hat, „nein" zu sagen und „nein" zu meinen.

An dem Tag, an dem du mich einem Mann vorstellen kannst, der mein „nein" glaubt, werde ich es wohl sein lassen, ihn zu verachten. An dem Tag, an dem du mich einem Mann vorstellen kannst, der nicht an all die Lügen glaubt, die er selbst zusammengedichtet hat, einem Mann, der nicht verlangt, daß ich seinen Lügen über mich glauben soll, werde ich aufhören, ihn zu verachten. Aber der Mann, den ich kenne, ist der Mann, der es immer als seine natürliche Aufgabe angesehen hat, den Frauen zu erklären, was für Frauen natürlich ist, und den Mann werde ich immer verachten und bekämpfen, weil er — sein Leben lang — mich verachtet und bekämpft hat, daß ich mich wie eine Laus gefühlt habe — und ich habe längst beschlossen, nicht mehr auf seinen Leimpinsel zu kriechen. Alles, was ein heterophiler Mann über mich hervorzubringen schafft, sind Lügen.

Und das wird noch jahrzehntelang so sein. Er hat Jahrhunderte gebraucht, mir zu erzählen, wie ich bin. Er hat Jahrhunderte gebraucht, mir das Dasein zu deuten. Er hat seine Stimme über die sieben Meere erschallen lassen, über die Prärie gejohlt, über Rednerpulte getönt und über seiner Halben gebrabbelt. Einen derartigen Fall von Überschreitung der Redezeit gibt es in der ganzen Weltgeschichte nicht. Jetzt sollte er, verdammt noch mal, sein Maul halten.

Und wenn ihm einfallen sollte, daß der letzte Kraftausdruck ein wenig unweiblich war, kann ich ihn damit trösten, daß ich ihn von meinem Vater lernte.

Das war es, was ich entdeckte — verstehst du — bei diesem ersten Versuch, mich wie ein Frühlingsbote aufzuführen.

Wenn der Mann vor die öffentliche lesbische Tatsache gestellt wird, findet sein Intellekt (der seit der Renaissance, ach, so gefeierte) schnell eine Reihe enorm schlauer Theorien, um das zu bagatellisieren, was er sieht.

Die eine ist die Reiztheorie. Sie geht davon aus, daß Frauen lesbisch sind, um die Sexualität des Mannes zu reizen und zu erregen. Die Reiztheorie findet ihr Zuhause bei Kategorie drei. Die andere ist die sehr verbreitete Grillentheorie. Die Grillentheorie ist sehr anrührend. Sie geht davon aus, daß lesbisch zu sein eine Art fixe Idee ist oder eine Grille, eine Art Flucht vor dem Eigentlichen, ein Zeitvertreib in Erwartung von etwas Besserem. Die Grillentheorie ist in Kategorie vier beheimatet.

Wenn Kategorie drei und vier endlich zu ihrem Entsetzen entdeckten, daß diese Theorien wegfielen, formulierten sie schnell mit großer Findigkeit und Zufriedenheit eine neue Theorie, um die Dummheit zu verdecken; die große, vernichtende und endgültige Aversionstheorie. Die ist sehr logisch. Sie geht davon aus: Sind wir weder Lesbierinnen, um Männer zu erregen, noch weil wir bislang keinen anständigen Schwanz probiert haben, so muß die Ursache die sein, daß wir den Mann mit seiner gesamten Aussteuer verachten.

Perverser und verschrobener Männerhaß, nicken die beiden Kategorien zufrieden. Das Urteil ist gefällt: Der Stolz ist bewahrt. Alles klar!

Der grauenerregende Gedanke, daß mein Verhältnis zum Penis, mein Verhältnis zu Mannsleuten als erotische Wesen von intensiver Gleichgültigkeit geprägt ist — wenn denn Gleichgültigkeit intensiv sein kann —, stiehlt sich unbemerkt davon. Der Gedanke, daß Frauen Frauen bevorzugen, einfach weil sie sie vorziehen — ohne daß es irgend etwas mit ihrem Verhältnis zu Männern zu tun haben muß —, braucht nicht gedacht zu werden. Auf die eine oder andere Weise muß der Mann sich eine Bedeutung erschleichen, selbst dort, wo er keine hat.

Es tut mir leid. Darf ich mich noch einmal vorstellen? Ich bin eine Frau, deren erotisches Verhältnis zum Mann gleich null ist. Ich verlange, daß man mir glaubt. Wenn ich die Wahrheit sage, erwarte ich, daß man mir glaubt.

DAS GLUCKSEN
DER TOLERANZWELLE

Im Laufe des Herbstes ging das Gerücht um, Agnes sei in die Stadt zurückgekommen. Ich hatte Angst, sie zu treffen, weil ich nicht genau wußte, was ich fühlen würde. Und am meisten hatte ich Angst davor, daß sie mir gleichgültig sein könnte. Etwas später im Herbst kursierte das Gerücht, Gunnhild habe mit Solveig Schluß gemacht, und Agnes sei eingezogen. Gunnhild hatte sicherlich eine Neue gefunden, wurde gesagt. Später zeigte sich, daß die Neue Marit war, die, mit der Agnes ein Abenteuer hatte, um Solveig zu ärgern, als Solveig mit Synnøve verschwand, nach der der ganze Klub verrückt war. Ungefähr Weihnachten wurde Miezi, die völlig vernichtet war, als Marit sie verlassen hatte, Hand in Hand mit Synnøve entdeckt. Aber das war wohl nicht so ernst, denn eigentlich wohnte Synnøve neuerdings mit Nora zusammen.

Nun sollst du nicht den Eindruck gewinnen, daß dies bedeutet, wir Lesben laufen herum und wechseln unaufhörlich die Partnerin. Ich sitze hier wahrhaftig nicht, um deine Vorurteile zu bestärken.

Kristin und ich waren zusammengezogen. Nicht, daß du denkst, wir wären Engel gewesen. Aber wir waren weiterhin zusammen. Natürlich war das übereilt. Daß wir so schnell zusammengezogen sind, meine ich. Aber ich fühle mich genötigt, mich zu verteidigen.

Weißt du, ich wurde oft von merkwürdigen Vorstellungen geplagt. Ich weiß nicht, wie es bei dir ist, aber ich habe zu dem einen oder anderen Zeitpunkt in meinem Leben den Eindruck gehabt, daß die Welt aus zwei Hälften besteht, die sich eigentlich kriegen sollten.

Ich weiß nicht, wie ich dazu komme, das zu denken. Es war einfach da. Fast wie angeboren. Nicht so zu verstehen, daß ich glaubte, die würden sich immer kriegen, so dumm war ich schließlich auch nicht. Aber eigentlich hatten alle Menschen eine bessere Hälfte an dem einen oder anderen Ort auf der Welt. Waren die zwei Hälften so glücklich, einander zu treffen, liebten sie sich für immer. Sie konnten sich gern mal wahnsinnig streiten, aber sie liebten sich. Alles andere wäre albern. Die konnten einander auch auf die Nerven gehen, total zusammenbrechen und zum Magenauspumpen geschickt werden, aber sie liebten sich. Sie konnten sich auch hassen, aber sie liebten sich. Sie konnten sich auch verletzen, sich schlagen, sich betrügen, doch wenn sie sich liebten, liebten sie sich.

Als ich Kristin traf, war ich infolgedessen überzeugt, daß ich mein Pendant gefunden hatte.

Weshalb sollten wir also nicht ebensogut zusammenziehen, wenn wir sowieso zusammenziehen sollten? Außerdem war ich bis über beide Ohren in sie verliebt, und sie hatte Ahnung von vielem und hatte Wichtiges gelesen. Ich kann es auch frei heraussagen: Ich kann mir nur schlecht denken, mein Leben mit einer Person zu teilen, die nicht viel Wichtiges gelesen hat. Du kannst ruhig sagen, ich sei eine eingebildete Person. Das bin ich eben. Und was nun, wenn ich finde, daß es relevant ist, viel Wichtiges gelesen zu haben? Genauso ist es!

Außerdem mochte sie meine Füppenüttchen. Und das war praktisch der entscheidende Punkt. Ich hatte und habe immer noch einige kleine Holzfiguren mit zerfledderten Haaren, die Füppenüttchen heißen und im Bücherbord wohnen. Sie sprechen nur nachts miteinander: nämlich indem sie ihre Haare hochstellen — auf eine bestimmte Art nach einem verwickelten Füppenüttensystem. Es dauert Jahre, da hineinzukommen, wenn man nicht selbst ein Füppenütt ist. Am Tage tun sie so, als hätten sie kein Wort gesprochen. Ich habe mich oft gefragt, über was Füppenüttchen eigentlich sprechen. Und ich hege den Verdacht, daß sie über das Klima und ihre Ahnentafeln reden. Die Hauptfüppenütte ist die wichtigste, weil sie keinen Schwanz hat und ihre Stammutter bis ins Kambrosilur zurückführen kann, wo man Fossilien als Reste von gewissen schwanzlosen Füppenütt-Echsenarten gefunden hat — behauptet sie. Das ist insofern bewiesen, sagt sie, als das Schwanzvorkommen bei modernen Füppenütten ein Resultat des Atavismus ist, und deswegen hat sie die niedrigeren Füppenütten (die nie annähernd so lange das Wort — d. h. die Haare — haben wie sie selbst) des öfteren aufgefordert, die Schwanzspitzen in ein Buch oder zwischen die Beine zu stecken, so daß sie nicht so leicht zu sehen waren, weil sie sich dann einbilden konnten, auch schwanzloser Herkunft zu sein. Und das sei gut für sie. Sie forderte sogar in einer schönen Nacht den kleinsten Füppenütt auf, den Schwanz abzuschneiden. — Welche Funktion hat ein Schwanz, wenn ich fragen darf? — Ich finde meinen Schwanz angenehm, wedelte der Kleinste nervös. — Ha! Ich glaube nicht eine Haarspitze von dem, was du gesagt hast! fauchte die Hauptfüppenütte mit den Nackenhaaren. Und das kleinste Füppenüttchen wurde so ängstlich, daß sein Schwanz ganz fransig wurde. Und das blieb er seitdem, obwohl ich versucht habe, ihn glattzubekommen. Jedenfalls habe ich den Verdacht, daß es sich so abgespielt haben mußte und sie auf diese Art ihre Redegewandtheit eingesetzt hatte. Deswegen ließ ich sie allein mit sich selbst einen ganzen Tag auf dem Neuen Testament und dem Gesangbuch stehen.

Ich war seit langem davon überzeugt, daß ich nicht mit einer zusammenleben konnte, die keinen Sinn für meine Füppenüttchen hatte.

Aber wo bin ich stehengeblieben? Ja, das Wesentliche war also, daß Kristin gekommen war, um in meinem Leben zu bleiben.

Natürlich bin ich jetzt nicht mehr mit Kristin zusammen. Was hast du denn gedacht? Das kommt daher, daß ich eines Tages herausfand, daß mein „Anderes" ein anderes war. Ich habe nicht vor, das hier näher auszuführen. Außerdem ist das eine Privatsache.

In diesem Herbst traf ich übrigens einen progressiven Mann aus der Studentenwelt, der uns für uns interpretierte. Anstatt mich mehr der ergreifenden Geschichte zu nähern, weshalb Kristin und ich auseinandergingen, sollte ich lieber erzählen, wie er das machte. Also — uns zu interpretieren, meine ich.

Er hatte herausgefunden, daß ich mich in einigen Fällen für die Homophilen-Sache eingesetzt hatte. Ich hatte mich nämlich zu dem Zeitpunkt sogar erdreistet, Artikel in der Zeitung zu schreiben. Natürlich unter einem Pseudonym. Wie sonst? Dieser Mann wollte also gern ein Interview mit mir haben. Seine Begründung war, daß er sich für die Gescheiterten in der Gesellschaft interessierte, sagte er. Ich begann sofort zu fühlen, daß ich ein ganzes Leben lang die Verliererin gewesen war und wie ungerecht dies ist.

Er kam zu uns nach Grorud. Kristin wollte weg und ging gleich, nachdem er gekommen war. Sie wolle kein Interview, sagte sie. Ich dagegen kam mir sehr wichtig und interessant vor, weil jemand ein Interview mit mir wollte. Wir hatten eine angenehme, normale Unterhaltung, in der ich angenehm und normal erzählen konnte, daß ich homophil sei, immer homophil gewesen war und damit rechnete, auch weiterhin homophil zu sein. Er notierte eifrig.

Wie du vielleicht verstehen wirst, repräsentierte dieser Mann aus der Studentenwelt eine neue Phase. Nur böse Absicht hätte ihm eine von den drei Super-Theorien unterstellen können. Das tat ich nicht. Er war ja schon viel, viel weiter.

Mild und freundlich hörte er zu und akzeptierte alles, was ich sagte. Ich wurde durch meine eigene Darstellung sehr angefeuert. Immer habe mich die eigene Unehrlichkeit auf diesem Gebiet gequält, sagte ich und zitierte bewegt George Eliots „The Mill on the Floss", worin sie ihre Hauptperson sagen läßt: „It is other people's wrong feelings that make concealment necessary" und sagte, etwas Fundamentales müsse mit einer Gesellschaft los sein, in der die Leute Gefühle so sehr fürchten, daß sie nicht wagen, darüber zu sprechen. Ich redete mich richtig in Rage, um Perspektiven über das eigene Elend zu bekommen, und sagte, daß es mit einer rigiden und widersinnigen Auffassung darüber, was ein Mann und eine Frau ist, zusammenhängen müsse und daß man vermutlich befürchte, es könnte zu allzu weitgehender Gesellschaftsveränderung führen, wenn man den Begriff der Geschlechtsrollen lockere.

Er stellte mir auch eine Menge persönlicher Fragen, die ich mit großer Offenheit und Ehrlichkeit beantwortete, ohne weiter darüber nachzudenken. Denn er saß da und nickte so verständnisvoll, daß ich selbst fand, wir hatten ein angenehmes Gespräch — er erzählte auch wenig über sich selbst.

Ich war natürlich riesig gespannt, wie sich das in seinem Blatt ausnehmen würde. Es wurde groß aufgemacht.

Da stand, daß ich natürlich und süß gewirkt hätte. Ich sei praktisch so wie jede andere Frau. Hätte offen und unkompliziert gesprochen und mit Wärme und Aufrichtigkeit erzählt. Eine Andeutung von ziemlich allgemeinem, schönem, weiblichem Aussehen stand gleichsam zwischen den Zeilen. Ich hätte nicht so ausgesehen, als wäre ich im Begriff, rauszugehen und den Lastwagen zu starten, nachdem ich schnell die Kardanwelle und den Vergaser in Ordnung gebracht hatte.

Wie du siehst, segelte mein Interviewer auf der neuen,

großen Toleranzwelle. Zwischen den Zeilen der Präsentation war folgender Grundgedanke spürbar: ,,Wißt ihr was, liebe Leser, ES GIBT KEINEN GRUND, SIE ZU DISKRIMINIEREN, WEIL SIE GENAU SIND, WIE WIR ANDEREN. Sie passen in das Muster, liebe Leser! Regt euch nur nicht auf.''

Wie alle anderen, die sich mit Homophilie beschäftigten, hatte auch mein Interviewer mächtig Gewicht auf meine Vergangenheit gelegt. Ich hatte ihm erzählt, daß ich homophil bin, solange ich denken konnte, und daß ich mich bis an mein drittes Lebensjahr erinnern konnte. Und an diesem Punkt tauchte dann der andere Grundgedanke auf. Meine mangelnde Erklärung darüber, warum ich homophil sei, wurde ausgelegt wie: ,,Liebe Leser, ES GIBT KEINEN GRUND, SIE ZU DISKRIMINIEREN, WEIL ES NICHT IHRE SCHULD IST, DASS SIE HOMOPHIL SIND. Sie begehen ihre Handlungen unschuldig und müssen deshalb begnadigt werden.'' Dieser Teil der Darstellung implizierte, daß Leute, die sich jetzt dafür entschieden, homophil zu sein, nicht mit Geduld von Unserer Seite rechnen durften.

Aber mein Interviewer machte auch in seinen Ausgrabungen der Vergangenheit weiter. Er war gespannt gewesen, meinen eigenen Bericht darüber zu hören, wie ich meine Situation erlebt hatte. Das hörte sich an, als hätte er dagesessen und zu mir gesagt:

Du kleine, hübsche, unschuldige Homophilenseele, willst du nicht dem Onkel ein bißchen über deine Tragödie erzählen? Deine Jugend ist wohl nicht so leicht für dich gewesen? Nein, sicher war es ziemlich schrecklich für dich? Ja? Warst du nicht oft deprimiert, ja, fast völlig verzweifelt? Wie hast du das erlebt? Erzähl mir das mal, dann können wir dich besser verstehen. War es nicht furchtbar für dich, als du sahst, daß alle die anderen ... ja, genau ... während du dort stehenbleiben mußtest? Das muß ja entsetzlich einsam für dich gewesen sein, nicht wahr? Schwere Jahre? Die Jugend, die eine so schöne und glückliche Zeit sein sollte! Das wurde dir zum Alptraum, nicht wahr? Eine Hölle, sagst du? Ja, können wir es nicht fast eine Hölle nennen, durch die du gegangen bist? Der Onkel wird dir ja nichts tun. Es dient nur zu deinem Besten, mein kleiner Homoschatz. Und denk an all die anderen Homophilen, die so froh darüber sein werden, jetzt, da du zu erzählen wagst, wie es ist. Es macht nichts, wenn du jetzt zusammenbrichst, wenn du an die ganze mühevolle und unangenehme Zeit denkst. Wein ruhig, du. Weine nur, solange du schön und unschuldig bist, kannst du ruhig weinen.

Ja. Ich sah nun ein, daß meine Aufrichtigkeit nur einfältig und blauäugige Offenheit gewesen war. In seiner Wiedergabe meiner konflikterfüllten Jugend tauchte der dritte Grundgedanke auf: „ES GIBT KEINEN GRUND, SIE ZU DISKRIMINIEREN, WEIL SIE SO UNGLÜCKLICH SIND."

Mein Interviewer hörte natürlich nicht bei den erstickten Tränen auf. Sein Interview sollte in erster Linie freundlich und warm sein. Die Dinge ändern sich. Das Leben ist nicht nur eine Misère. Heute hast du dich ja gefunden. Heute hast du ja eine Freundin gefunden. Heute hast du ja erreicht, wonach du früher verlangt hast. Und hier tauchte dann auch der vierte und faszinierendste Grundgedanke auf: „ES GIBT KEINEN GRUND, SIE ZU DISKRIMINIEREN, WEIL SIE HEUTE SO GLÜCKLICH UND ZU ZWEIT LEBEN UND SICH LIEBEN."

Kristins Abwesenheit und ihr Abschied von mir, als er gerade kam, wurde so ausgelegt: Das Verhältnis zwischen ihr und mir wäre ganz natürlich. Wir hätten uns umarmt, und sie wäre gegangen. Genauso, wie eine Ehefrau ihren Mann küßt, der zur Arbeit geht. Absolut kein Unterschied. Wir hätten auch eine schöne, gemütliche kleine Wohnung, die in einem kurzen Absatz beschrieben war und im großen Möbelhöhepunkt mündete, dem Ehebett. Er hatte auch aus mir herausbekommen, daß Kristin viel besser kochen konnte als ich.

Wir können einen erleichterten Seufzer ausstoßen. Unmerklich erhalten wir die Erlaubnis, in das gemütliche, häuslich-heimische Lebensmuster mit den sicheren, naturgebundenen Geschlechtsrollen hinüberzugleiten. Seht her! Jetzt haben wir sie unschädlich gemacht. Der Nächste bitte!

Hier nun tauchte der letzte und trostreichste Grundgedanke auf: „Liebe Leser, ES GIBT KEINEN GRUND, SIE ZU DISKRIMINIEREN, WEIL SIE SO ABSOLUT KEINE BEDROHUNG FÜR UNSERE LEBENSFORM REPRÄSENTIEREN. KEINE BEDROHUNG FÜR DIE WERTE, DIE UNS AM HEILIGSTEN SIND, liebe Leser. Öffnet die Türen und laßt sie ein!"

Die Betrachtungen, die ich über die gesellschaftliche Meinung angestellt hatte, kamen nicht darin vor.

Ich habe mich oft darüber gewundert, welch fabelhaft versteckte Erwartungen er gehabt haben mußte, daß er es immer wieder notwendig fand, das Natürliche an unserem Verhalten zu unterstreichen. Hatte er damit gerechnet, daß ich auf allen Vieren am Boden herumkrieche mit einem Baumkuchen auf dem Kopf, okkulte mohammedanische Formeln murmelnd, als Kristin ging, und dann erkläre, das seien die homophilen Abschiedszeremonien?

Ja, der progressive Mann war eine mächtig aufschlußreiche Bekanntschaft. Er überzeugte mich, daß es nur *ein* Homophilentyp sein kann, der sich zum Vorzeigen eignet, von der Art, für die wir hierzulande Verwendung haben: der sympathische Homophilen-Typ. Gern etwas hilflos. Oder gebildet und wohlartikuliert. Aber so ausgemacht sympathisch. Sympathische Menschen schaffen Sympathie zwischen Berg und Tal und Fjord. Adieu!

Wie gesagt: Mein Interviewer wich nicht von dieser Sympathie-Forderung ab. Er führte sich ganz im Gegenteil beachtlich normal auf. Fast natürlich, es war überhaupt nichts Sonderbares an ihm. Während des ganzen Interviews erhob er sich zum Beispiel nicht ein einziges Mal, um auf einem Bein zu stehen und MUH zu sagen. Er war außerdem ziemlich unverschuldet in diese hoffnungslose PR-Situation geraten. Was hätte er sonst machen sollen als progressiver Nicht-Revolutionär, wenn er mit sich und seinem Blatt glücklich leben wollte?

LASST DIE KLEINEN HOMOPHILEN
ZU MIR KRIECHEN

So endete also mein erster Versuch, öffentlich aufzutre-
ten. Die Toleranzwelle, auf der mein Interviewer ritt,
ist seitdem über das Land geschwappt. Diese Toleranzwelle hat überhaupt nichts mit der Sache zu tun. Sie beschäftigt sich nämlich mit Uns. Als ob es möglich wäre,
etwas Vernünftiges Über Uns zu sagen. Es ist nicht die
Homosexualität, über die etwas gesagt werden sollte. Es
ist die Gesellschaft, die das künstliche, perverse, verdreh-
te, überspannte, widerliche Bedürfnis geschaffen hat, etwas über Homosexualität zu sagen. Dazu muß etwas gesagt werden.

Jetzt habe ich hier gesessen und stundenlang mit dir
gesprochen. Und ich fand, daß ich genausogut das Ganze zu einem Buch zusammenschmieren kann. Ich habe
schon immer Lust zum Schreiben gehabt. Zuerst schrieb
ich Cowboy-Bücher, in denen ich Tex Willer war, der
die Tochter des Bankdirektors vor Räubern im Gebirge
rettete. Dann schrieb ich Kurzgeschichten über die Liebe, in denen ER SIE zum Schluß bekam. Und ich für
meinen Teil bekam ein Ventil für meinen perversen
Drang, meine Freundinnen zu umarmen. Ich schrieb
auch einen tragischen Liebesroman, in dem ER SIE

nicht bekam, weil sie sich das Leben nahm, bevor sie entdeckt hatte, daß er sie liebte.

Ich stelle mich ein letztes Mal vor. Guten Tag. Ich bin eine lesbische Frau, die einunddreißig Jahre alt wurde, bevor sie dazu kam, über eine lesbische Frau zu schreiben.

Kannst du begreifen warum?

Na gut. Ich habe hier also gesessen und dich stundenlang aufgehalten — nur weil wir einige mystische Gesetze haben, die sagen, daß ich dir nicht so einfach auf die Schulter klopfen und sagen kann: „Grüß dich. Ich bin lesbisch!" Aber du dagegen kannst dich sehr wohl auf deinen Ehemann beziehen, obwohl ich dich nie zuvor gesehen und keine Ahnung davon habe, was für ein Mensch du bist. Warum in aller Welt laufen alle immerzu herum und glauben, daß alle anderen, die sie überall treffen, hetero sind? Welchen Vorschlag hast du zur Lösung dieses Problems ausgearbeitet?

Wer sagt, daß wir nicht genausogut eine Phrase haben können, die lautet: „Bevorzugst du Frauen oder Männer? Oder vielleicht alle beide?" genauso, wie diese: „Wie geht es?" „Was arbeitest du?" „Wo wohnst du?" „Woher kommst du?" und all die anderen Fragen, die vielleicht gleichgültig wirken, aber mit deiner Identität zu tun haben? Nichts davon kann man dir ansehen und deshalb wirst du genötigt, das mit einigen Worten auszudrücken.

Du kannst mir auch nicht ansehen, daß mein Vater aus Tröndelag stammte. Und wenn ich das erwähne, entsteht nie ein peinliches Schweigen. — Ah ja, er war ein

143

Trönder, sagt man interessiert, als sei es das Natürlichste der Welt. Ich habe auch nie ein peinlich sich aufdrängendes Bedürfnis der Gesellschaft bemerkt, mich als „Tochter eines Trönders" zu definieren. Nie hat jemand gewünscht, aus diesem Grund mehr von mir zu wissen, mir in gedämpftem Ton tolerante Versicherungen abgegeben oder Fragebögen zugesandt.

Stell dir vor, du wärst an einem Ort, wo alle wie selbstverständlich davon ausgehen, daß du Maurer bist. Aber sie sagen es nicht direkt. Sie erwähnen es niemals. Es liegt nur allem, was sie sagen, zugrunde. Und alle die Menschen, die du triffst, geben vor, selbst Maurer zu sein, gehen herum und mauern überall Mauern und finden das sehr erbaulich. Und meinen, daß es so nun einmal hier auf Erden sein müßte. Sie fragen dich nie: „Bist du auch Maurer?" Sie fragen: „Welche Zementmischung ziehst du vor, wenn du eine Mauer baust?" Wenn du dann endlich zusammenbrichst und einem Maurer gegenüber zugibst, daß du eigentlich nicht Maurer bist, sondern Tischler, macht der ein ganz vernichtetes Gesicht und sagt nichts mehr. Aber geht nach Hause und liest heimlich ein Buch über Tischler.

Und du und der Maurer, ihr seht euch jeden Tag, doch er verrät keinem einzigen Menschen, daß du Tischler bist. Er ist ein zuverlässiger Mensch. Aber drei Monate später, als ihr eines Abends allein in einer Kneipe sitzt und einen über den Durst getrunken habt, fängt er damit an, daß er oft über „das da" nachgedacht, ein Buch darüber gelesen hat und zu dem Schluß gekommen ist, daß es falsch sei, auf solche Leute herabzublicken. Die könnten ja nichts dafür, daß sie Tischler sind (das vorletzte Wort sagt er mit gedämpfter Stimme, während er sich ängstlich umsieht) und Holz dem Stein vorziehen. Holz könnte ja auch schön sein, wenn man darüber so nachdenkt. Dann versichert er dir, daß er dich trotzdem für einen prima Kerl hält. Nach und nach wird er ziemlich betrunken und sentimental. Er meint, daß vielleicht in jedem von uns ein Tischler steckt. Als er dann noch voller ist, nimmt er dich vertraulich in den Arm und sagt, daß er selbst einmal getischlert hat — da war er zwölf Jahre alt. Danach spielt er nie mehr auf dieses Gespräch an, aber du bist ihm ewig dankbar. Er gehört zu denen, die Tischler akzeptieren.

Es war natürlich in diesem Herbst, als ich begann, so frei zu werden — dank Kristin —, daß ich anfing, meiner Familie und meinen Bekannten gegenüber einzugestehen, daß ich lesbisch sei. Sie hackten mir nicht den Kopf ab. Die Welt schien für sie nicht zusammenzubrechen. Sie waren etwas erstaunt. Die meisten waren es nicht. Die meisten hatten es sich schon lange gedacht. Die meisten waren etwas perplex, weil sie fühlten, daß sie etwas dazu sagen müßten, gleichzeitig aber nicht wußten, was sie sagen sollten. Sie kannten mich ja immerhin viele Jahre lang. Sie hatten mich gern. Sie fanden es in Ordnung, daß ich lesbisch war. Sie meinten nicht, daß sie etwas dazu zu meinen hätten — ob es in Ordnung sei oder nicht mit meiner Homosexualität.

Das war der Moment, als ich wirklich ängstlich zu werden begann. War also die Mauer, die ich gespürt hatte, nur etwas, das ich in meinem eigenen verwirrten

Kopf geschaffen hatte?

Mein Gedanken-Wirrwarr, mein Schreck: Warum sollte das mir passieren? Es sind ja so wenige. Warum ausgerechnet mir? Ach, nein, lieber Gott — laß es nur eine Lüge sein. Ich will ja so nett sein, lieber Gott, wenn du mich nur dem Schicksal entkommen läßt, lesbisch zu sein. Laß es mich nicht sein. Wen auch immer, nur nicht mich. Was soll ich machen? Was für eine Art Leben werde ich haben — zusammen mit Lesben? Nein, laß es mich lieber noch etwas mit Männern versuchen. Das kann doch nicht so hoffnungslos sein. Ich kann doch nicht lesbisch sein. Man wird mich verachten. Die Leute werden mich für abscheulich halten. Sie werden physischen Abscheu vor mir haben. Werden meine ganze Person als widerwärtig und unnahbar empfinden. Nein. NEIN. NEIN. NEIN!!! Und nach fünfmaligem, ernsthaftem, langwierigem, brennendem, aufreibendem, hoffnungslosem Verlieben in Frauen, nach fünfundzwanzigmaligem weniger ernsthaftem, schwebendem Anhimmeln von Frauen aus der Entfernung, elf Jahre hindurch, von dreizehn bis vierundzwanzig, sehe ich zum Schluß ein, daß ich nicht länger DAGEGEN ARBEITEN kann, weil ich mich im Laufe der Jahre nicht in einen einzigen Mann verliebt habe, weder von nah noch von fern, und ich werfe mich in einen totalen Aktionismus, schaffe mir eine Homo-Sub-Identität, aber noch kann ich nicht heraus mit dem großen Zugeständnis — Bekenntnis, Geständnis — und jetzt also zum Schluß, schwitzend vor Angst, sage ich es — und dann sitzen sie da und sagen:

— Das habe ich schon lange gewußt. Das ist doch ganz in Ordnung.

War das alles nur in meinem Kopf? Ich fühlte mich dankbar, akzeptiert und dumm.

Es fiel mir selbstverständlich nicht ein, darüber nachzudenken, warum all diese Menschen ebenso schweigsam und verschlossen waren über das, was sie wie ich wußten. Warum waren sie allesamt genauso verzweifelt ängstlich wie ich? Ich dachte nicht darüber nach, weshalb sie jetzt begannen, sich für Homosexualität zu interessieren und Bücher darüber zu lesen — wenn sie das nicht schon vorher getan hatten. Sie bekamen das Problem, eine Homosexuelle gern zu haben. Um die seelischen Konflikte zu lösen, die das notwendigerweise aufwirft, näherten sie sich einer Art Verständnis, das sie sich durch die Hintertür holten. Sie sagten nicht: ,,Homosexuelle Menschen sind eine absurde Kategorie.'' Wie hätten sie das auch sagen können? Sie kannten ja keine Homosexuellen. Sie sagten: ,,Sie ist homosexuell. Ich habe sie gern. Ergo müssen homosexuelle Menschen genauso gut sein wie heterosexuelle.''

Auf der offiziellen Ebene geschieht dasselbe. Aber wie lange sollen einige wenige Homosexuelle, die zu sagen WAGEN, daß sie es sind, auf diesem Altar des Verständnisses noch geopfert werden?

Du hast gefragt. Und ich versprach dir eine Antwort. Du fragtest, wie es wäre, homosexuell zu sein. Du sagtest, du wüßtest so wenig über Homosexuelle. Gesetzt den Fall, du sagtest zu mir: ,,Ich war ja so verliebt in Per.'' Und ich antwortete verblüfft und errötend: ,,Aber

ich weiß so wenig über Heterosexualität." WAS WÜR-
DEST DU WOHL DAZU SAGEN?

Du hast dich nie als Heterosexuelle definiert, sagst
du? Aber, meine Liebe, dann ist es jetzt wirklich an der
Zeit, daß du damit anfängst. Du mußt dich doch selbst
akzeptieren! Wie alt bist du inzwischen geworden? Und
du hast noch nicht deine Heterosexualität akzeptiert?
Wie kannst du erwarten, daß wir dich akzeptieren? Was?
Was hast du gesagt? Ich höre wohl nicht richtig? Hetero-
sexuell ist nur etwas, das du BIST?

Eben. Es ist nur etwas, das wir alle sind. Heterosexualität ist unsere Existenz. Unsere Lebensform. Unser Leben. Es ist an der Zeit, daß wir anfangen, hinter all diese
Heterosexualität ein Fragezeichen zu setzen. Sonst
könnte es sein, daß sie um sich greift. Aber das soll sie ja
auch, sagst du? Ach so. Soll sie das?

Als ich sagte, daß ich homosexuell sei, wurdest du
ängstlich.

Ich werde dir erzählen, was es heißt, homosexuell zu
sein. Zuerst machte man mich unaussprechbar. Mein
ganzes Problem bestand viele Jahre lang ausschließlich in
meiner Unaussprechbarkeit. Dachte ich. Als ich dann
leugnete, einer unaussprechbaren Kategorie anzugehö-
ren, und die Mauer durchbrach, machte man mich zu einer Abstraktion.

Homosexualität existiert in der Realität nicht. Heterosexualität IST. Homosexualität existiert nur als ein
Gespenst. Auf dem Papier. In Diskussionen. Homosexualität ist Ein Thema. Homosexualität ist ein TV-Pro-
gramm über Homosexualität; eine hübsche Broschüre

über Homosexualität. Homosexualität ist der kirchliche Disput über Homosexualität; die Erklärung der Psychologiebücher für Homosexualität. Die Homosexuellen sind unter mindestens 200 000 eine Handvoll mutiger Menschen, die sich Öffentlich Hinstellen und sagen, daß sie Homosexuelle sind.

Homosexualität ist etwas, daß man in der heterosexuellen Welt in einer Debatte aufgreift.

Ja, du dachtest wohl nicht, daß Homosexualität bedeutet, sich von Menschen des eigenen Geschlechts angezogen zu fühlen? Wem geht es denn nicht so? Wenn du gedacht hast, das ist Homosexualität, wärest du wohl nicht so ängstlich geworden! Warum solltest du eine Anziehung fürchten?

Wenn ich den Leuten sage, daß ich lesbisch bin, wundere ich mich ständig darüber, daß sie nicht antworten:

— Du lieber Gott, bist du das? Ich dachte, ihr hieltet euch nur in Büchern und Diskussionsrunden auf.

Die Lesbe sitzt vor dir und sorgt dafür, daß all die zuverlässigen Kategorien, die wir haben, um Menschen zu definieren, explodieren. Das erschreckt dich. Und du sollst ja nicht denken, daß es mich nicht auch erschreckt.

Wollen wir einen Film machen? Der Film soll von einigen Menschen handeln. Er soll von Liebe, Eifersucht, Bosheit, Unsinn und Spaß unter den Menschen handeln. Es soll ein guter Film werden. Er soll das ganze damit verwickelte Spektrum von Gefühlen und Konflikten enthalten — dargestellt aus einer Mischung von Symbolik und Realismus (wenn man die beiden Dinge voneinander trennen kann). Ich freue mich darauf, wenn der Film fertig ist. Du auch, hoffe ich. Wir glauben fest an uns selbst und daran, daß es uns gelingen wird. Wir nennen ihn: „FILM ÜBER DAS LEBEN." Ich weiß, das ist ein anspruchsvoller Titel. Aber wir geben nicht auf.

Ach so. Tun wir das nicht? Wie in aller Welt kannst du dir vorstellen, daß es möglich wäre, diesen Film zu drehen? Denn wenn sich zeigt, daß die Menschen, oder doch einige, von denen der Film handelt, Homosexuelle sind, wird es nicht länger ein FILM ÜBER DAS LEBEN sein, sondern ein FILM ÜBER DIE HOMOSEXUELLEN.

Kannst du nicht sehen, in welchen Leerraum uns die Furcht hineinpreßt?

Da wir nun mal definiert werden, müssen wir uns aus den Definitionen herausdefinieren, und damit sind wir auf's neue definiert. Das Resultat ist ein Definitionswirrwarr, der nur dazu beitragen kann, die Umklammerung der heterosexuellen Welt um uns zu verstärken.

Zuerst sagten wir, daß wir anders fühlen, weil wir uns klein und unterdrückt und anders fühlen. Dann sagten wir, daß wir uns nicht anders fühlen, weil wir wirklich genauso gut wie alle anderen sind und folglich dasselbe als wertvoll empfinden wie alle anderen auch. Daraufhin sagten wir, daß wir anders fühlen, weil Homosexualität die Fähigkeit ist, Menschen des eigenen Geschlechts zu lieben, und wir stolz auf unsere Besonderheit sein und den Kopf hochhalten sollen. Schließlich sagten wir, daß nicht WIR anders fühlen, weil alle Menschen ein Bedürfnis nach Wärme und Sicherheit haben und Homosexualität auch ein Ausdruck dieses Bedürfnisses ist. Und ein

Mensch zu sein heißt, anders zu sein.

Ich hoffe, du fühlst dich nun besser, nachdem du Klarheit über die Problematik der Homosexuellen erhalten hast, indem du durch die eigene Darstellung der Homosexuellen zur Homosexualität ins Bild gesetzt wurdest. Ich werde selbstverständlich nicht zögern, es noch klarer für dich zu machen:

Nicht wir sind es, die anders fühlen oder nicht anders fühlen — wir sind es, die ANDERS EMPFUNDEN WERDEN von anderen. Wirst du aber anders behandelt, wirst du selbstverständlich anders. Wirst du ausgestoßen, handelst du dementsprechend. Eine unterdrückte Gruppe ist immer anders.

Eifrig spielen wir mit in dem Definitionsspielchen. Eifrig wühlen wir in uns selbst herum.

Du hattest wohl nicht damit gerechnet, daß wir die Konsequenz aus unserer Ausgeschlossenheit ziehen? Du hast wohl nicht gedacht, daß wir uns mit etwas anderem als uns selbst in Zusammenhang sehen können? Du hast dir hoffentlich nicht eingebildet, daß wir es bei der Bedrohung, die wir offensichtlich darstellen, belassen werden? Meine Liebe, Gute — du hast wohl nicht angenommen, daß wir ein System in Frage stellen, in dem eine Minderheit von machthabenden heterosexuellen, weißen Männern ihre Sicherheit auf der Unsicherheit der anderen aufbaut?

Oh, nein, du. Die Sicheren müssen durch sichere Definitionen und Kategorien abgesichert werden, damit sie es gut und sicher haben. Und wir, die wir uns immer unsicher fühlten, meinen, es wäre äußerst absurd, wenn die anderen anfingen, sich unsicher zu fühlen.

Selbstverständlich bedürfte es der Energie von Jahren, uns selbst und andere davon zu überzeugen, daß wir gute, ordentliche, rechtschaffene Bürger sind, die natürlich die Macht dort stützen, wo sie ist. Natürlich haben wir hier — ganz besonders in Norwegen — mit jahrelangem Eifer an die zählebigste Institution für Machtmißbrauch — die Kirche! — appelliert, damit sie uns annimmt. Selbstverständlich sind wir mit gleich großem Feuer darangegangen, den Stempel der Kriminalität von den Homos zu entfernen. Ein Paragraph, der nie angewandt wurde und von dem der größte Teil der Bevölkerung gar nicht ahnte, daß er existierte, mußte weg. Damit man nicht riskierte, daß eine einzelne Seele noch hier oder da — inklusive aller Homosexuellen — herumläuft und einen homosexuellen Menschen mit einem gewöhnlichen erbärmlichen Verbrecher gleichsetzt. Der gehörte hinter Gitter!

Das ist es, was man aus uns gemacht hat. Was die Unterdrückung mit der nachfolgenden Toleranz aus uns gemacht hat. Dahin hat der lange, verborgene Kampf geführt.

Du solltest nicht fragen, was eine Lesbe ist. Ich habe keine Ahnung, was eine Lesbe ist, noch, was sie berechtigt, so definiert zu werden. Du solltest fragen, was eine Lesbe geworden ist. Was ist sie unter den Lebensumständen geworden, die ihr geboten wurden? Oder richtiger gesagt: Was ist sie geworden unter dem TOTALEN MANGEL AN LEBENSUMSTÄNDEN, die man ihr geboten hat? Ich werde das Definitionsspiel fortsetzen, jetzt, da wir so gut in Fahrt sind. Eine Lesbe wird mit der unbändigen Angst, den anderen nicht zu gefallen, zum Menschen gemacht — egal, wie die anderen auch sein mögen.

Wie willst du sonst den totalen Mangel an Lesben in deinem Alltag erklären?

Im Homo-Jargon wird viel davon geredet, sich selbst zu akzeptieren. Wie glaubst du, können wir das tun, wenn wir nichts haben, worin wir uns akzeptieren können? Es wird auch viel davon gesprochen, daß ihr uns akzeptieren sollt. Das ist doch absurd. Eure Chance, uns zu akzeptieren, ist gleich null. Weil ihr keine Ahnung habt, wo Homosexuelle sich befinden! Wie willst du eine Nicht-Existenz akzeptieren?

Denn die Lesbe — das bin nicht ich speziell. Und ich bin es noch weniger, nachdem ich ein Buch geschrieben habe. Jetzt kannst du ankommen und uns akzeptieren: mich und mein Buch. Und damit akzeptierst du die Homosexualität. Die Homosexuellen sind bestimmt nicht die ziemlich wenigen Menschen, die in einer Reihe von Jahren für das Akzeptieren von Homosexualität gearbeitet haben. Sie zu akzeptieren ist die leichteste Sache der Welt. Lesbe ist die, die als Lesbe lebt, aber niemals darüber außerhalb ihrer Kreise ein Wort verloren hat. Wie willst du sie zu fassen kriegen und sie akzeptieren, wenn du nicht augenblicklich zu ihr hingehst und es ihr sagst, weil du weißt, daß es so zusammenhängt? Lesbe ist die, die fünfundvierzig Jahre alt wird, bevor sie wagt, sich einer Frau zu nähern, obwohl es genau das war, wozu sie schon immer Lust hatte. Wie kannst du sie akzeptieren, wenn du nicht darüber sprichst? Lesbe ist die, die ein Leben lang mit dem Wunsch lebt, sich einer Frau zu nähern, sich aber nie traut und stirbt. Lesbe ist die, die ihr ganzes Leben lang nicht entdeckt, daß sie sich einer Frau hätte nähern sollen, und deshalb ein halbes Leben mit einem Mann zubringt — oder in der Einsamkeit. Und wie willst du die beiden letzten Kategorien akzeptieren?

Es ist zu spät, sie zu akzeptieren.

Soweit wir wissen, könnten alle Menschen homosexuell sein.

Eine schockierende und absurde Behauptung? Warum? In einer Gesellschaft, in der Menschen in rigide Geschlechtsrollen und streng tabuisierte Geschlechtsorientierungen hineingejagt werden, haben wir keine Chance, herauszufinden, ob diese Behauptung richtig oder falsch ist. In einer solchen Gesellschaft gestatten wir uns nur, hochmütig von den wenigen, die offen mit den Geschlechtsrollen brechen, Abstand zu nehmen — oder sie zu akzeptieren.

Warum wurdest du ängstlich, als ich sagte, ich sei homosexuell? Einfach weil ich eine Bedrohung für alles bin, an das wir glauben und worauf wir bauen. Ziehen wir die Konsequenz aus unserem Akzeptieren der Homosexualität, wird Homosexualität zur Gefahr. Und das muß — und sollte — sie sein.

Welche Gefahr liegt darin, eine Welt zu bedrohen, die selbst schon durch Frauenunterdrückung, Überbevölkerung und Umweltzerstörung bedroht wird?

Das war nur so eine Frage. Aber da wir nun mal nicht wagen, die Konsequenz aus der Gefahr zu ziehen, die wir repräsentieren — weil wir überhaupt nicht wünschen, eine Gefahr zu sein — , wählen wir den sanften und sicheren Weg. Die neue Toleranz hat ein sonderbares Akzeptieren zur Folge. Nicht die Gesellschaft wird gebeten, uns zu akzeptieren. Wir sind es, die brav fragen, ob wir denn wohl die Gesellschaft akzeptieren dürfen. Wir werden umworben, die Lebensform zu akzeptieren, die uns niederdrückt, eben weil wir als die kleinen, ausgestoßenen Kinder definiert werden. Die Botschaft der Toleranz ist nicht mißzuverstehen:

Lasset die kleinen Homophilen zu mir kriechen, und wehret ihnen nicht, denn solcher ist Unser Reich.

Anmerkungen zu den Begriffen
„homophil" und „homosexuell"

Die Begriffe „homophil" und „homosexuell" sind in
diesem Buch ungeordnet eingesetzt. Aus zwei Gründen
kann ich das Wort „homophil" nicht einseitig verwen-
den.

1) „Homosexuell" ist das Wort, das zu der Zeit herrsch-
te, als ich aufwuchs (in den 50er Jahren), und bein-
haltet somit mehr von dem abschreckenden Tabu, mit
dem ich gezwungen war, mich zu identifizieren.

2) „Homophil" ist ein Wort, das die Homosexuellen in
Norwegen bevorzugten, weil es die Aufmerksamkeit
mehr in Richtung Liebe und nicht Sexualität lenkt.
Der Übergang vom einen zum anderen Begriff scheint
somit eine Anerkennung der Idee vom universalen
Dualismus zwischen Körper und Geist zu enthalten
(hier: Sexualität/Liebe); eine der gefährlichsten Vorstellungen im christlich-platonischen Gedankengebäu-
de des Westens. Warum sollten wir nicht das Recht
haben, sexuelle Wesen zu sein, wie alle anderen Ge-
schöpfe dieser Erde? Warum sollten wir uns nur eine
Art Filial-Status in der heterophilen Welt einräumen?

Lesben in der Offensive

VOM ANDERN UFER
Erzählung von Gerd Brantenberg
ISBN 3—88104—124—9
160 S. DM 15,--

In ihrer fiktiven Plauderei erzählt die Autorin der geneigten Leserin ihre Frauenbeziehungen. Sie liefert einen Einblick in die Situation von Lesben in und außerhalb der Homo-Subkultur Norwegens. Indem sie ironisch spöttelnd die gesellschaftlichen Normalitätsklischees aufs Korn nimmt, unterhöhlt sie die Selbstverständlichkeit der Norm bei der Leserin.

LOVING HER
Roman von Ann Shockley
ISBN 3—88104—115—X
180 S. DM 17,--

Renay verläßt mit ihrer Tochter den alkoholsüchtigen Ehemann, um mit ihrer Geliebten zu leben. Die Entscheidung wird ihr nicht leicht gemacht — Zum erstenmal beschreibt hier eine schwarze Autorin die Liebesbeziehung zwischen einer schwarzen und einer weißen Frau. Ein doppelt tabuisiertes Thema: Frauen, die sich für Frauen entscheiden, diese Liebe ausleben, über die Rassenschranken hinweg.

MÄDCHEN IN UNIFORM
Roman von Christa Winsloe
mit 14 ganzs. Filmfotos und einem biogr. Essay von Christa Reinig
ISBN 3—88104—127—3
264 S. DM 18,--

Dieses Buch entstand, nachdem Christa Winsloe 1930 mit dem Theaterstück ,,Gestern und heute" und 1931 mit dem Film ,,Mädchen in Uniform" großen Erfolg hatte.
Im Roman, der ursprünglich ,,Das Mädchen Manuela" hieß, schildert sie Manuelas wohlbehütete Kindheit in einer süddeutschen Garnisonsstadt, ihr Leben im Internat, ihre Liebe zur Lehrerin, Fräulein von Bernburg.

MRS. STEVENS HÖRT DIE MEERJUNGFRAUEN SINGEN
Roman von Mary Sarton
ISBN 3—88104—087—0
204 S. DM 16,--

Ein Nachmittag im Leben einer alten Dame: Hilary Stevens, Schriftstellerin, reflektiert anläßlich eines Interviews ihre Vergangenheit. Sie erkennt, daß ihre selbstgewählte Einsamkeit nicht die Quelle ihrer Inspiration ist, sondern — die vergangene Liebe zu einer Frau. Der Roman stellt die Frage nach den Ursprüngen des künstlerischen Schaffens von Frauen.

ALL DIESE FALSCHE MORAL
Roman von Elizabeth Riley
ISBN 3—88104—058—7
264 S. DM 17.50

Eine College-Liebe in Australien: Maureen versucht mit ihrer Kommilitonin Julia der Vereinsamung im Studienbetrieb zu entrinnen. Aber die Ächtung der Umwelt zerstört ihre Beziehung. Die Bemühungen Maureens, sich der herrschenden Moral anzupassen, scheitern zwangsläufig. Schließlich verläßt sie Australien, um in Europa ein frauenidentifiziertes Leben zu beginnen.

FLICKWERK
Roman von Charlotte Wolff
ISBN 3—88104—025—0
189 S. DM 13,50

Eine Frauen-Dreiecksgeschichte geschildert aus der Sicht einer befreundeten Vierten. Hintergrund der Handlung ist das englische Emigranten-Milieu. Eine aus Deutschland geflohene Jüdin bricht in die provinzielle Häuslichkeit zweier langjähriger Freundinnen ein. Das Alter der Frauen zwischen fünfundsechzig und fünfundsiebzig — verschärft die Dramatik des Geschehens.

Verlag Frauenoffensive, Kellerstr. 39, 8 München 80

Theorie in der Offensive

GYN/ÖKOLOGIE
Die Metaethik des Radikalen Feminismus
von Mary Daly
490 S. DM 48.--

„Die vorherrschende Religion auf dem gesamten Planeten ist das Patriarchat als solches, und seine eigentliche Botschaft ist die Nekrophilie." Mary Daly analysiert die frauenzerstörerischen Praktiken unterschiedlicher Kulturkreise: Witwenverbrennung in Indien und Füßeeinbinden in China, Genitalverstümmelung in Afrika und dreihundert Jahre Hexenverfolgung in Europa, die amerikanische Gynäkologie der letzten hundert Jahre und im Vergleich dazu die Nazi-Medizin. In diesen kulturell scheinbar so unterschiedlichen Greueltaten gegenüber Frauen spürt sie die ihnen gemeinsamen Strukturen auf, die Strukturen des „Sado-Ritual-Syndroms" des Patriarchats.

DER WOLF UND DIE WITWEN
Erzählungen und Essays
von Christa Reinig
80 S. DM 12.--

Christa Reinig alp-träumt in „Die Witwen" das plötzliche Verschwinden aller Männer von dieser Welt und läßt die Frauen lachend die Hinterlassenschaft bewältigen. Und auch in den übrigen Essays & Erzählungen dieses Bandes nimmt die Autorin das gesellschaftliche Geschlechter-Mißverhältnis mit schwarzem Humor. Bei ihrer Gratwanderung vom Penisneid zur Vaginafreud schafft sie den Ödipuskomplex ab — Moderne Söhne streben nun danach, mit ihrem Vater zu schlafen und ihre Mutter zu töten —, und löst das weltweite Ernährungsproblem — Die Männer sollten dazu übergehen, die Frauen, die sie täglich abschlachten, auch aufzuessen.

AM ANFANG WAR DIE FRAU
Die neue Zivilisationsgeschichte aus weiblicher Sicht (THE FIRST SEX)
von Elizabeth Gould Davis
395 S. DM 21.--

Ein Klassiker der Neuen Frauenbewegung — ein provokatives Buch. Mit Hilfe von archäologischen Funden, naturwissenschaftlichen Entdeckungen, Mythen und Sprachanalyse belegt die Autorin die einstige zentrale Stellung der Frau als Kulturbringerin, Schöpferin, Priesterin, Zauberin und die Existenz von gynaikokratischen Gesellschaften. Die patriarchale Geschichtsfälschung wird ent-deckt.

DREI GUINEEN
Essays aus dem Englischen
von Virginia Woolf
215 S. DM 16.--

Kurz vor Ausbruch des Zweiten Weltkrieges, im Juni 1938, erscheint das Essay „Drei Guineen". Angesichts eines Hitlers und Mussolinis sucht Virginia Woolf nach den Wurzeln des Faschismus — im Patriarchat. Ihre Analyse enthält (schon damals) alle wesentlichen theoretischen Ansätze der heutigen feministischen Bewegung: die Forderung nach Lohn für Hausarbeit und die Einsicht in die notwendige Trennung der Geschlechter im Kampf um das gemeinsame Ziel.

ICH TRÄUME WEIBLICH
Essays und Gedichte (engl./dt.)
von Barbara Starrett
191 S. DM 15.--

Die Texte von Barbara Starrett sind sowohl radikaler Entwurf weiblicher Zukunft, der die bisherigen Definitionen von Feminismus sprengt, als auch Ausdruck gelebter Erfahrung und Experimente auf spiritueller Ebene.

Verlag Frauenoffensive, Kellerstr. 39, 8 München 80